Michael J. Losier
Was ist deine Bestimmung?

Michael J. Losier

Was ist deine Bestimmung?

Entdecke, was dich erfüllt, und verwirkliche deine vier sehnlichsten Wünsche

Aus dem Amerikanischen übersetzt
von Jochen Lehner

INTEGRAL

Die amerikanische Originalausgabe erschien 2017 unter dem Titel »Your Life's Purpose: Uncover What Really Fulfills You« bei RosettaBooks, New York.

MIX
Papier aus verantwortungsvollen Quellen
FSC® C014889
FSC
www.fsc.org

Verlagsgruppe Random House FSC® N001967

Erste Auflage 2018

Redaktion: Ralf Lay
Illustrationen: Matt Brossard und Brehanna Ramirez
Umschlaggestaltung: Guter Punkt, München, unter Verwendung
eines Motivs von © seewhatmitchsee/Thinkstock
Satz: Satzwerk Huber, Germering
Druck und Bindung: Friedrich Pustet
ISBN 978-3-7787-9284-1
www.ansata-verlag.de
www.facebook.com/Integral.Lotos.Ansata

Inhalt

Einleitung

Mit meinen beiden früheren Büchern *Das Gesetz der Anziehung* und *Das Gesetz der Beziehung* wollte ich den Menschen helfen, mehr von dem zu verwirklichen, was sie sich wünschen und was ihrer Bestimmung entspricht. Dies sollte in allen Bereichen ihres Lebens geschehen, im Beruf wie in ihren persönlichen Beziehungen. Gleichermaßen sollten sie dem Unerwünschten weniger Raum geben. Im Lauf der Zeit merkte ich jedoch in Einzelgesprächen und beim Austausch in Seminaren und Telekursen (per Telefon-Konferenzschaltung), dass vielen gar nicht bewusst war, was genau sie für ein frohes und erfülltes Leben brauchen und was sie sich wünschen.

Das regte mich zum Nachdenken an, denn so viel war klar: Wenn die Leute nicht sicher wussten, was ihnen fehlte, hatten sie nichts Konkretes, worauf sie ihre Energien richten konnten, um den gefühlten Mangel auszugleichen.

Dann war ich 2010 in Malaysia und gab Seminare über das Gesetz der Anziehung. Dabei bat mich einer der Veranstalter, ein Mann namens Siva, ich möge ihm doch einmal genauer darlegen, wie er die Bedürfnisse finden und erkennen könne, von deren Befriedigung seine Erfüllung abhinge. Von mir hatte er gehört, dass meine Arbeit das war, was mich erfüllte und zufrieden machte – Seminare leiten, Bücher signieren, im Fernsehen, Radio und als Hauptreferent auftreten. Er wusste, dass ich ganz schnell zu meinen Entscheidungen finde, und hatte mich oft sagen hören: »Das würde mich *nicht* zufriedenstellen.« Oder eben: »Das *würde* mich zufriedenstellen.« Jetzt wollte er erfahren, wie auch er in diese Lage kommen könnte.

Mit den geeigneten Fragen, etwas von seinem biografischen Hintergrund und den passenden Einfällen im richtigen Moment brauchte ich etwa eine Stunde, um Siva durch den Ansatz zu führen, den ich Ihnen hier vorstelle. In dieser kurzen Zeit gelang es ihm, seine vier größten Erfüllungsbedürfnisse zu identifizieren und zu erkennen, wie und wodurch sie zu befriedigen wären und wie nicht.

Da war mir klar, dass ich einen Schritt zurückgehen musste, um den Menschen zu vermitteln, wie sie Klarheit über ihre persönlichen Erfüllungsbedürfnisse gewinnen konnten, um dann noch effektiver ihrer Bestimmung gemäß zu leben.

Die Entdeckung unserer Erfüllungsbedürfnisse ist ein Prozess und nicht einfach ein Geschenk, das mir irgendwann auf wunderbare Weise zugefallen wäre. Mir waren meine Bedürfnisse auch nicht immer so bewusst wie heute. Um zu der Klarheit zu gelangen, die ich jetzt habe, musste ich mich selbst durch die Schritte führen, die ich in diesem Buch zusammen mit Ihnen durchgehen werde.

Wir alle haben immer wieder mal Aufgaben zu erledigen, die uns nicht sonderlich behagen. Aber unser Ziel muss es sein, uns so oft wie möglich für das zu entscheiden, was uns Erfüllung bringt. Vielen mag das etwas egoistisch vorkommen, tatsächlich geht es bei unseren Erfüllungsbedürfnissen jedoch nicht einfach darum, dass wir für uns selbst sorgen, sondern es gilt dabei auch, die Bedürfnisse anderer zu kennen und zu berücksichtigen. So bereichern Sie Ihre persönlichen und beruflichen Beziehungen und sorgen für mehr Freude in Ihrem eigenen Leben.

Dieses Buch wird Sie Schritt für Schritt zur Entdeckung Ihrer vier größten Erfüllungsbedürfnisse führen und Ihnen auch zeigen, wie Sie mehr davon in Ihrem Leben verwirklichen können. Sind Sie dabei? Dann blättern Sie um.

Michael J. Losier

Die Ziele dieses Buches

1. Es möchte Sie anleiten, für sich selbst herauszufinden und zu benennen, was Ihnen Erfüllung verspricht.

2. Es möchte Ihnen zeigen, wie Ihre Erfüllungsbedürfnisse in allen Bereichen Ihres Lebens umgesetzt werden können.

3. Es möchte dafür sorgen, dass Sie Ihre Erfüllungsbedürfnisse bei allen Entscheidungen über Beruf, Beziehungen und persönliche Angelegenheiten berücksichtigen.

Die Formel für ein erfülltes Leben

Verstehen

- Den Sinn und Zweck Ihres Lebens,
  Ihre Bestimmung.
- Was Erfüllungsbedürfnisse sind.
- Was die Grundliste der Erfüllungsbedürfnisse enthält.
- Was Ihre Erfüllungsbedürfnisse bedeuten.

Herausfinden

- Worin Ihre Erfüllungsbedürfnisse im Beruf liegen,
- in Ihren Beziehungen und
- auf dem Gebiet Ihrer persönlichen Erfüllung.

Anwenden

- Da ich jetzt Bescheid weiß: Was ist zu tun?
- Die Anwendung für Ihre Beziehungen.
- Das Gesetz der Anziehung nutzen.

Eine Abfolge von Schritten

Sie halten ein Selbsthilfebuch in der Hand, und das bedeutet, dass Sie lernen werden, die einzelnen Abläufe in Eigenregie durchzuspielen. Gehen Sie die Schritte im Einzelnen durch, bearbeiten Sie die Aufgaben, und bringen Sie jeden Teil zum Abschluss, bevor Sie zum nächsten übergehen.

Zur Belohnung werden Sie schließlich sehr klar wissen, was Ihnen wirklich Freude bereitet: die Befriedigung Ihrer vier größten Erfüllungsbedürfnisse.

Was Sie am Schluss erwarten dürfen

Sehr bald werden Sie feststellen, welche Bedürfnisse es sind, deren Befriedigung Ihnen zu einem erfüllten Leben verhilft.

Manche Bedürfnisse sind weniger wichtig als andere. Diese zählen nicht zu Ihren stärksten oder bedeutsamsten Bedürfnissen.

Manche Bedürfnisse werden sich als so stark und wichtig erweisen, dass Sie es kaum erwarten können, sie zu befriedigen. So finden Sie Ihre Top-4-Erfüllungsbedürfnisse.

Wenn Sie die Schritte dieses Buches durchgegangen sind, werden Sie also Ihre vier größten Erfüllungsbedürfnisse kennen und auch wissen, wie Sie mit ihrer Hilfe in allen Bereichen Ihres Lebens – ob im Beruf oder in der Beziehung – zu guten Entscheidungen finden können.

Als Lohn werden Sie
dann besser wissen,
was genau Sie wirklich
zufriedenstellt, und Sie
können nun Entschei-
dungen treffen, die
Ihnen sehr viel
Freude bereiten.

Was andere sagen, die ihre vier größten Erfüllungsbedürfnisse ermittelt haben

»Bevor ich irgendetwas beginne, vergewissere ich mich, ob es meinen vier größten Erfüllungsbedürfnissen entspricht und ob ich da eine positive Resonanz spüre. Ich kann das am Grad meiner Begeisterung ablesen.« – Rita

»Ich habe diese Kenntnisse schon vielfach angewendet. Was Beziehungen angeht, fasste ich den Mut, meine Familie aufzufordern, diesen Bedürfnissen Raum zu geben. (Das gab es noch nie.) Wenn mir die Beteiligung an einem Projekt angeboten wird, mache ich mir meine Bedürfnisse bewusst, und falls abzusehen ist, dass da keine Übereinstimmung besteht, sage ich ab. Bei der Suche nach einem neuen Job weiß ich, worauf ich aus bin und was mir Freude bereiten wird.« – Anne Maree

»Ich spiele selbstbewusster meine Rolle und traue mir in Beziehungen mehr zu. Ich erkenne besser, worauf ich aus bin, und kann es leichter einordnen. Ich verstehe jetzt, weshalb ich manchmal Entscheidungen getroffen habe, die nicht unbedingt gut waren, aber doch aus Bedürfnissen

entstanden sind, die, wie ich jetzt sehe, viel mit den vier wichtigsten Bedürfnissen auf meiner Liste zu tun hatten. Dadurch kann ich meine Energie heute gezielter den Aufgaben und Menschen zuwenden, die für mich und meine Zielsetzung gut sind. Es hilft mir, meine Ziele und Passionen besser zu verstehen und auf Kurs zu bleiben.«
– Elizabeth

»Ich weise alles zurück, was nichts mit einem meiner Erfüllungsbedürfnisse zu tun hat. Seit ich sie kenne, bin ich ein ganz anderer Mensch geworden. Ich habe viel von Michaels Sachen gelesen und bin auf mehreren Hauptgebieten meines Lebens aktiv geworden, auch in meinem Liebesleben. Es ist wie ein Wunder, ich bekomme mehr und mehr von dem, was ich möchte, und nachdem ich zuvor vier schreckliche Jahre durchlebt habe, bin ich nun ausgeglichen und zufrieden. Ich finde das toll!« – Sheena

»Wenn ich zu entscheiden habe, was ich möchte, tue ich mich leichter, sobald ich weiß, was mir am meisten Befriedigung verspricht. Mein wichtigstes Bedürfnis zu finden war ganz einfach, aber mit den letzten beiden hatte ich ein bisschen Mühe.« – Gwynne

»Die große Überraschung war für mich mein Bedürfnis nach Sicherheit, und eine zweite bestand in dem Eingeständnis, dass ich geschätzt werden möchte und mir für das, was ich leiste, Anerkennung und Bestätigung wünsche. Ich halte jetzt die Augen offen für alles, was mir Sicherheit bieten könnte. (Das ist mir völlig neu.) Ich sehe

mich nun also nach Möglichkeiten um, die dann wieder neue Chancen eröffnen können, ich plane sogar ›Liefereinheiten‹, die anschließend nach und nach eintreffen – nicht alles auf einmal. Ich bin viel mehr als früher darauf eingestellt, mein ganzes Know-how nutzbringend einzusetzen und in der Zukunft gut für mich zu sorgen.« – Maureen

»Ich weiß jetzt, weshalb ich tue, was ich tue, und ich verstehe es inzwischen besser. Ich bin sehr darauf bedacht, dass meine wichtigsten vier Erfüllungsbedürfnisse bei allen meinen Vorhaben berücksichtigt sind, im privaten Bereich ebenso wie bei der Arbeit.« – Martin

»Jedes Mal, wenn ich etwas in Angriff nehme oder zu entscheiden habe, frage ich mich, ob meine Erfüllungsbedürfnisse dabei berücksichtigt sind. Bei der Arbeit mache ich das ständig und stelle fest, dass ich immer öfter interessante und befriedigende Projekte anziehe. Es ist alles so bereichernd. Ich bin im Beruf glücklicher und erfüllter als je zuvor. Auch in Beziehungen stehen meine Bedürfnisse immer ganz obenan – das ist sehr wichtig, um ein gutes und frohes Gefühl von Nähe zu haben!« – Rhonda

Verstehen

Was genau sind eigentlich Erfüllungsbedürfnisse?

Ich habe diesen Begriff geprägt, nachdem ich von vielen Menschen gehört hatte, sie fühlten sich so unerfüllt. Das besagte für mich, dass ihnen wesentliche Dinge im Leben fehlten. Manche ihrer grundsätzlichen Bedürfnisse wurden offenbar nicht befriedigt.

Sicher kennen Sie andere Ausdrücke, mit denen sich Bedürfnisse dieser Art umschreiben lassen, zum Beispiel

- persönliche Grundwerte,
- Leitgedanken,
- Lebensinhalt,
- Bestimmung,
- Seelenvorhaben,
- Sinn des Lebens,
- Antrieb,
- Berufung oder
- Daseinszweck.

Ich möchte Ihnen hier nahebringen, dass es diese bestimmten Bedürfnisse sind, deren Befriedigung uns froh macht. Wir fühlen uns dann erfüllt – ebendeshalb spreche ich dabei von Erfüllungsbedürfnissen.

Ich stelle vielschichtige Abläufe gern so einfach dar, dass sie leicht zu verstehen und umzusetzen sind. Wenn Sie meine früheren Bücher kennen, werden Sie feststellen, dass ich in diesem auch wieder so schreibe.

Es gibt bestimmte
Bedürfnisse, deren
Befriedigung uns
ein Gefühl von
Erfüllung gibt –
daher nenne ich sie
»Erfüllungsbedürfnisse«.

Wie Erfüllungsbedürfnisse mit Ihrem Lebensziel zusammenhängen

Worin liegt der Sinn und Zweck Ihres Lebens?

Vielleicht fällt es Ihnen oder einem Ihrer Bekannten schwer, Ihre Bestimmung herauszufinden – wozu Sie eigentlich da sind, was Sie hier auf dieser Erde zu tun haben. Sicher kennen Sie solche Überlegungen.

Das ist eine wirklich große Frage: »Worin liegt der Sinn meines Lebens?«

Sehen Sie sich zunächst einmal zwei kurze Gespräche zu diesem Thema an. Beachten Sie auch, dass beide eigentlich auf das Gleiche hinauslaufen.

Gespräch mit einem Lehrer

Michael: Was sehen Sie als den Sinn und Zweck Ihres Lebens an?

Lehrer: Zu lehren, andere zu unterrichten.

Michael: Wenn Sie lehren und unterrichten, wie fühlen Sie sich da?

Lehrer: Es hat für mich etwas sehr Befriedigendes. Es macht mich froh.

Michael: Wenn Sie aus irgendeinem Grund nicht mehr unterrichten könnten, wie würden Sie sich dann fühlen?

Lehrer: Wenn ich nicht mehr als Lehrer arbeiten und nicht unterrichten könnte, würde ich mich unnütz fühlen, die ganze Begeisterung wäre dahin. Und Freude hätte ich auch keine.

Gespräch mit einer Künstlerin

Michael: Was sehen Sie als den Sinn und Zweck Ihres Lebens an?

Künstlerin: Meine künstlerische Arbeit, keine Frage. Kreativität.

Michael: Wie fühlen Sie sich bei künstlerischen Projekten, wenn Sie kreativ sein können?

Künstlerin: Es gibt mir so viel Auftrieb und macht mich total froh.

Michael: Kreativ sein, künstlerisch arbeiten, das macht Sie froh?

Künstlerin: Ja, und wie.

Michael: Wenn Sie in einem Job arbeiteten, in dem Sie nicht künstlerisch kreativ sein können, wie würden Sie sich dann fühlen?

Künstlerin: In einem Job, in dem ich nicht künstlerisch arbeiten könnte, hätte ich keine Freude.

Fragen Sie hundert Leute, worum es in ihrem Leben vor allem geht, und Sie bekommen hundert Antworten. Danach können Sie die Sache zuspitzen und fragen: »Um was zu erreichen?« Zuletzt fragen Sie: »Und was haben Sie davon?«

Ich möchte Ihnen das in der folgenden kleinen Aufstellung einmal beispielhaft vor Augen führen.

Wie Erfüllungsbedürfnisse und Ihr Lebensziel zusammenhängen

Um was geht es in Ihrem Leben?	**Um was zu errei-chen?**	**Um was zu errei-chen?**	**Und was haben Sie davon?**
Zu singen	Um dem Publikum zu gefallen	Dass ich geliebt und bewundert werde	Freude
Zu tanzen	Um mich auszutoben und fit zu sein	Glück	Freude
Autorennen zu fahren	Den Nervenkitzel	Dass ich mein langweiliges Leben vergesse	Freude

Arzt zu sein	Um Kranken zu helfen	Dass ich mich nützlich fühle	Freude
Zu lehren	Dass andere sich verwirk-lichen können	Dass sie Erfüllung finden	Freude
Alte Menschen zu versorgen	Dass sie versorgt sind	Dass sie es besser haben	Freude
Die Erde zu heilen	Dass wir hier noch lange leben können	Dass ich bei dem, was ich tue, ein gutes Gefühl habe	Freude
Auf der Bühne zu stehen	Um meine Begabungen mit anderen zu teilen	Dass es ihnen Spaß macht	Freude
Fußballtrai-ner der-Schulmann-schaft zu sein	Damit die Kids sehen, was in ihnen steckt	Dass ich mich erfüllt fühle	Freude

Was Sie fühlen, wenn Sie Ihrer Bestimmung gemäß leben

Freude, ganz einfach Freude. Sie können auch »Seligkeit«, »Hochgefühl« oder »Ekstase« sagen, Sie können es »wunderbar« oder »fantastisch« nennen oder ähnliche Ausdrücke verwenden. Sie besagen alle dasselbe: *Freude.*

Sie wissen sicher, wie glatt das Leben läuft, wenn Sie froh und glücklich sind. Sie wissen auch, wie es im Leben zugehen kann, wenn Sie nicht in der Freude sind.

Wie die nachfolgende Übersicht zeigt, besteht ein direkter Zusammenhang zwischen Ihrer Gefühlsverfassung und dem, was sich in Ihrem Leben gerade so tut – wie gut oder eben nicht gut es läuft.

Gefühlslage	Erzeugte Schwingung	Folgen
Anna empfindet Freude in ihren Beziehungen.	 **Positive Ausstrahlung Annas**	Anna findet leicht neue Freunde.
Brandon findet keine Freude an seinem Beruf.	 **Negative Ausstrahlung Brandons**	Brandon wird nicht befördert.

Dann ist Freude das Ziel?

Wenn Freude das Ziel ist, brauchen Sie sich nur noch zu fragen, was Sie froh macht. Viele wissen nicht so recht, was sie darauf antworten sollen. Manche glauben nicht einmal, dass es möglich oder auch nur in Ordnung sei, Freude zu empfinden.

Was bereitet Ihnen Freude?

Sind es Gegenstände oder Beziehungen? Ist es der Beruf oder die Familie?

Das sind die Gebiete, auf denen Sie Freude suchen und finden. Sobald Sie die Antwort auf diese Frage kennen, fragen Sie im nächsten Schritt weiter: »Was ist es an dieser Sache, dieser Beziehung oder diesem Job, was mir Freude macht?«

Diese zweite Frage soll für Sie klären, welche Erfüllungsbedürfnisse durch Ihre Strategien der Suche nach Freude befriedigt werden. Das ist die große Frage, die wir in diesem Buch behandeln, um Ihre wichtigsten vier Erfüllungsbedürfnisse zu ermitteln.

Durch Erfüllung das Ziel erreichen

Wenn Sie Ihre Erfüllungsbedürfnisse ermittelt haben, können Sie Strategien zur Befriedigung dieser Bedürfnisse entwickeln und anziehen, und wenn sie erfüllt sind, erfahren Sie Freude.

Es besteht eine
direkte Beziehung
zwischen Ihren Gefühlen
und den Ergebnissen,
die Sie erzielen.

Der Grad Ihrer Erfüllung entspricht dem Grad Ihrer Freude

Ihre Gefühle reflektieren und »messen« konstant, wie viel Freude Sie in jeder Situation empfinden. Zwar müssen wir manchmal etwas tun, was uns keinen Spaß macht, aber letzten Endes möchten wir dennoch so oft wie möglich das wählen, was mit Freude verbunden ist.

Beobachten Sie aufmerksam Ihre Gefühle, wenn Sie verschiedene Strategien ausprobieren, die Ihnen Freude bereiten sollen. Dabei müssen Sie ganz »eigennützig« darauf bedacht sein, den Grad Ihrer Erfüllung hochzuhalten.

Wenn Sie oft Freude empfinden möchten, werden Sie Alternativen wählen, die eigennützig oder egoistisch erscheinen können, während Sie in Wirklichkeit nur gut für sich sorgen. Nehmen Sie sich wichtig genug, um sich selbst glücklich zu machen!

Eigennutz
=
Selbstfürsorge

Gewissensbisse? Unbehagen?

Tatsächlich, manche Leute fühlen sich unbehaglich bei dem Gedanken, dafür zu sorgen, dass es ihnen *selbst* gut geht – sie bekommen dabei ein schlechtes Gewissen.

Falls es Ihnen auch so geht, bedenken Sie einmal, dass Sie viel besser für andere da sein können, wenn Sie sich selbst wohlfühlen. Wir alle haben gern aufbauende Menschen um uns, und die haben deshalb eine so positive Ausstrahlung, weil sie Freude erfahren.

Es hat seinen Grund, dass Sie von diesem Buch angezogen wurden:

- Wäre es nicht jetzt an der Zeit, dass *Sie* Erfüllung im Leben finden?
- Was würde sich in Ihrem Leben ändern, wenn Sie jetzt Entscheidungen träfen, bei denen Sie ein gutes Gefühl haben?
- Und was wäre anders, wenn *Sie* dieser Freund oder Elternteil wären, von man sagt: »Er gibt einem Auftrieb wie sonst kaum jemand«?

Ihnen ist vermutlich Ihre Ernährung wichtig, Sie wählen Ihre Musik bewusst und kleiden sich nach Ihrem

Geschmack. Jetzt sollten Sie diese Selbstfürsorge auch zunehmend dann praktizieren, wenn es um eine neue Arbeitsstelle geht, wenn Sie eine Liebesbeziehung eingehen oder Freundschaften schließen.

Achten Sie darauf, wann Sie sich – in Beziehungen, zu Hause, mit Ihren Nachbarn, bei Ihren Hobbys und im Beruf – erfüllt fühlen und wann nicht.

Wenn Sie Ihre vier wichtigsten Bedürfnisse kennen, finden Sie zu besseren Entscheidungen

Sobald Sie wissen, welche Ihre vier hauptsächlichen Erfüllungsbedürfnisse sind, können Sie diese Information bei all Ihren Entscheidungen nutzen. Nehmen wir an, Sie möchten eine andere berufliche Laufbahn einschlagen oder eine neue Beziehung eingehen. Ihre Gefühle sagen Ihnen dann, welcher Grad der Freude mit dieser Entscheidung verbunden ist. Daran können Sie ablesen, ob Sie die für Sie richtige Wahl treffen. Ihre Gefühle dienen Ihnen bei Entscheidungen aller Art, beim Erwerb eines neuen Hauses ebenso wie in der Frage, wo es im nächsten Urlaub hingehen soll.

Paare sollten auch die Gefühle des jeweils anderen genau im Auge behalten, um sicherzustellen, dass bei wichtigen Entscheidungen die Bedürfnisse beider berücksichtigt werden.

Zu Hause und bei der Arbeit – die vier Hauptbedürfnisse anderer zu kennen nutzt den Beziehungen

Wenn Sie die Erfüllungsbedürfnisse anderer kennen und sie unterstützen, können Sie darüber reden und die Harmonie und Kommunikation in Ihren Beziehungen fördern.

In einem späteren Abschnitt werde ich erläutern, wie Paare vorgehen können, um die Erfüllungsbedürfnisse des jeweils anderen kennenzulernen, zu verstehen und zu befriedigen.

Außerdem wird davon die Rede sein, wie Sie nach dem gleichen Muster in Ihrem Arbeitsumfeld verfahren können, um Ihre Angestellten, Kollegen oder Vorgesetzten bei der Befriedigung ihrer Erfüllungsbedürfnisse so zu unterstützen, dass alle zufrieden und erfüllt sind.

Sobald Sie Ihre eigenen vier wichtigsten Erfüllungsbedürfnisse kennen und für ihre regelmäßige Befriedigung sorgen können, werden Sie Ihre Erfahrung an andere weitergeben wollen. Sie werden auch die Zusammenarbeit suchen, damit man sich gegenseitig bei der Verwirklichung seiner Erfüllungsbedürfnisse unterstützen kann.

Zusammenfassung

Wie Erfüllungsbedürfnisse mit unserer Bestimmung verknüpft sind

Wir haben bereits einiges herausgefunden, nämlich:

- ❒ Es geht im Leben um Freude.
- ❒ Freude ist das Ziel.
- ❒ Was Erfüllungsbedürfnisse sind.
- ❒ Es gibt Strategien, nach denen wir für die Befriedigung unserer Erfüllungsbedürfnisse sorgen können.
- ❒ Unsere Gefühle messen den Grad unserer Freude.
- ❒ Mit dem Wissen um unsere Erfüllungsbedürfnisse können wir zu besseren Entscheidungen finden.
- ❒ Wenn wir die Erfüllungsbedürfnisse anderer kennen, verbessert das unsere Beziehungen.

Die dreißig häufigsten Erfüllungsbedürfnisse und was sie bedeuten

Die wichtigsten Erfüllungsbedürfnisse

Im Folgenden liste ich Ihnen die dreißig häufigsten Erfüllungsbedürfnisse in alphabetischer Reihenfolge auf. Ich habe jetzt schon viele Jahre Menschen bei der Bestimmung ihrer Erfüllungsbedürfnisse unterstützt, und diese dreißig sind von ihnen am häufigsten als wichtig bezeichnet worden.

Im Moment möchte ich Ihnen die Erfüllungsbedürfnisse erst einmal nur vorstellen. Im weiteren Verlauf werden wir dann mit der Liste arbeiten, um herauszufinden, welche Bedürfnisse für Sie besonders wichtig sind. Lesen Sie die Liste zunächst einfach durch, und achten Sie darauf, welche Begriffe Sie besonders ansprechen.

Die Grundliste der Erfüllungsbedürfnisse	
Abenteuer	Integrität
Anerkennung	Intimität
Aufmerksamkeit	Kontrolle
Beitrag	Kreativität
Besonders sein	Leistung
Bestätigung	Leitung
Einbindung	Macht
Einfluss	Selbstständigkeit
Einzigartigkeit	Sicherheit (äußere)
Erfolg	Sicherheit (innere)
Fairness	Spaß
Freiheit	Verbundenheit
Gemeinschaft	Wertschätzung
Herausforderung	Wichtigkeit
Individualität	Zustimmung

Das Interpretationsglossar

Nicht jeder weiß bei allen aufgeführten Erfüllungsbedürfnissen sofort, was damit gemeint ist, deshalb finden Sie am Ende des Buchs ein Interpretationsglossar, in dem die Begriffe genauer erklärt werden.

»Interpretationsglossar zum Verständnis der Erfüllungsbedürfnisse« heißt dieser Teil deshalb, weil ich dort die Deutungen zusammengetragen habe, denen ich im Gespräch mit Leuten, die nach meiner Methode gearbeitet haben, häufig begegne.

Die Begriffe bedeuten nicht unbedingt für jeden das Gleiche, und das darf ruhig so sein. Weiter unten zeige ich Ihnen, wie Sie einen Begriff umdeuten (»neu rahmen«) können, damit er Ihrem Verständnis des Worts besser entspricht. Grundsätzlich gibt es hier aber keine richtigen und falschen Definitionen. Auf *Ihre* Interpretation eines Worts kommt es an!

Kann ich die Liste erweitern?

Manche haben beim ersten Lesen der Liste das Gefühl, dass da noch ein Erfüllungsbedürfnis fehlt, und möchten einen weiteren Begriff hinzufügen. Bei solchen zusätzlichen Wörtern liegen jedoch oft mehrere Bedeutungsschichten vor, die man abtragen kann wie die Schalen einer Zwiebel, um schließlich doch zu einem in der Liste aufgeführten Bedürfnis zu gelangen.

Das wirkliche Erfüllungsbedürfnis »ent-decken«

Wenn also jemand eine Erweiterung der Liste vorschlägt, helfe ich ihm, mit zwei Fragen zu ermitteln, ob da nicht im Grunde etwas bereits Angeführtes gemeint ist. Die beiden Fragen lauten: »Zu welchem Zweck?« Und: »Was bringt Ihnen das?«

Besonders häufig werden als Erweiterungen »Geld« und »intellektuelle Anregung« vorgeschlagen. Ich gebe Ihnen unten Beispiele für Antworten meiner Klienten auf die beiden Fragen, die ich dann stelle. In allen Fällen taucht als Kern der »Zwiebel« schließlich ein Erfüllungsbedürfnis von unserer Grundliste auf.

Sollten Sie noch etwas auf die Liste setzen wollen, können Sie den Test selbst machen, um zu sehen, ob es sich tatsächlich um ein noch nicht genanntes Erfüllungsbedürfnis handelt.

Hier also das, worauf meine Klienten zu den Themen »Geld« und »intellektuelle Anregung« durch meine Fragen stießen. Achten Sie darauf, dass auf die zweite Frage hin das tatsächliche, in der Grundliste enthaltene Erfüllungsbedürfnis auftaucht.

Ich brauche *Geld*		
Frage 1 **Zu welchem Zweck?**		**Frage 2** **Was bringt Ihnen das?**
a) Damit ich mehr reisen kann.	⇨	a) Ein Gefühl von *Freiheit*.
b) Damit ich es für Bedürftige spenden kann.	⇨	b) Das Gefühl, einen *Beitrag* zu leisten und dadurch etwas zu bewegen.
c) Damit ich meine Familie besser versorgen kann.	⇨	c) Ein Gefühl von äußerer und innerer *Sicherheit*.

Beachten Sie, dass Geld das ist, was die Erfüllung des wirklichen Grundbedürfnisses *fördert*.

Werfen wir nun einen Blick auf die »intellektuelle Anregung«.

Ich brauche *intellektuelle* Anregung

Frage 1 Zu welchem Zweck?		Frage 2 Was bringt Ihnen das?
a) Damit ich mich nicht langweile.	⇨	a) Intellektuelle *Herausforderung*.
b) Damit ich mich mit Gleichgesinnten austauschen kann.	⇨	b) Ein Gefühl von *Verbundenheit*.
c) Damit ich lernen und mein Wissen erweitern kann.	⇨	c) Dass ich mich *erfolgreich* und *wichtig* fühle.

Jetzt sind Sie dran

Welche weiteren Erfüllungsbedürfnisse hätten Sie gern genannt, und wie beantworten Sie meine Fragen. (Die folgenden Leerformulare können Sie von der Website www.integral-verlag.de/downloads-losier herunterladen.)

Ich brauche ____________________

Frage 1 Zu welchem Zweck?		Frage 2 Was bringt Ihnen das?
a) Damit …	⇨	a)
b) Damit …	⇨	b)
c) Damit …	⇨	c)

Ich brauche ______________________

Frage 1 Zu welchem Zweck?		Frage 2 Was bringt Ihnen das?
a) Damit …	⇨	a)
b) Damit …	⇨	b)
c) Damit …	⇨	c)

Auf *Ihre* Sicht kommt es an

Während Sie im weiteren Verlauf Ihre wichtigsten vier Erfüllungsbedürfnisse ermitteln, müssen Sie sich vor Augen halten, dass es auf *Ihre* Auffassung und Interpretation der Begriffe ankommt – und die dürfen ruhig von der Auslegung anderer abweichen.

Es kann sein, dass Sie ein Erfüllungsbedürfnis als für Sie wichtig empfinden, aber Bedenken wegen der negativen Deutung haben, die andere – oder Sie selbst – damit verbinden könnten. Geben Sie dem Bedürfnis dann eine andere Betonung, bei der Sie sich besser fühlen. Betrachten wir hier als Beispiel das Erfüllungsbedürfnis »Kontrolle« und was drei verschiedene Personen darunter verstehen.

Und was verstehen Sie unter »Kontrolle«?

Wenn Sie Bedenken hinsichtlich Ihrer Erfüllungsbedürfnisse haben

Nicht nur die möglichen Auslegungen eines Erfüllungsbedürfnisses können Sie verunsichern, sondern zusätzlich haben Sie vielleicht auch noch das Gefühl, dass Ihnen die Befriedigung dieser Bedürfnisse irgendwie nicht zusteht. Oder Ihnen ist nicht ganz wohl bei dem Gedanken, dass Sie für die Befriedigung dieser Bedürfnisse möglicherweise einiges in Ihrem Leben ändern müssen.

Mir ging es so, als ich meine Top-4-Erfüllungsbedürfnisse identifiziert hatte, nämlich:

- Aufmerksamkeit
- Einfluss
- Intimität
- Freiheit

Mir wurde klar, dass ich diese Begriffe »aus einem neuen Blickwinkel betrachten« musste, wenn ich ganz mit ihnen einverstanden sein wollte.

Es kommt darauf an, wie sich ein Wort für Sie *anfühlt*. Wenn Sie erreichen möchten, dass Ihnen bei einem Wort für ein bestimmtes Erfüllungsbedürfnis wohl ist, können Sie ihm einfach Ihre ganz eigene Bedeutung geben. Als Beispiel schildere ich Ihnen jetzt, wie ich meine eigenen vier wichtigsten Erfüllungsbedürfnisse für mich »neu gefasst« habe.

Einen neuen Rahmen geben

Meine Interpretation

Aufmerksamkeit ist mir schon immer besonders wichtig gewesen, aber mir war auch bewusst, dass andere eher etwas Negatives darin sahen. Sie meinten diese betonte und geflissentliche Aufmerksamkeit, dieses Achtgeben, das eher ein bisschen selbstgefällig daherkommt. Jedenfalls blieb bei mir ein leicht peinliches Gefühl darüber zurück, dass mir so etwas derart wichtig war. Ich musste diesem Wort einfach »einen neuen Rahmen geben«, um damit gut zurechtzukommen. »Neurahmung« (Reframing) bedeutet hier, dass man ein Wort aus einem anderen Blickwinkel betrachtet und damit einen Aspekt hervorhebt, der die Bedeutung ein wenig verschiebt.

Hier also meine vier wichtigsten Erfüllungsbedürfnisse mitsamt der Umdeutung, die die Wörter für mich ansprechender machten.

Aus »Aufmerksamkeit« habe ich für meinen persönlichen Gebrauch »aufmerksam sein« gemacht.

Ich habe es wirklich gern, wenn meine Zuhörer aufmerksam sind und mir das Gefühl geben, dass ich meine Zeit nicht vergeude. Dazu gehört natürlich, dass sie zuhören und ich einen positiven Einfluss erkennen kann.

Die Bedeutung von »Einfluss« habe ich für mich als »positiven Einfluss« neu gefasst.

Ich höre es immer gern, wenn die Leute vom guten Einfluss meiner Bücher oder Seminare auf sie erzählen oder wenn sie etwas daraus zitieren, was ihrem Denken eine neue Richtung gegeben hat. Es ist mir sehr wichtig, einen positiven Einfluss auf die Menschen auszuüben.

Die Bedeutung von »Intimität« habe ich für mich einfach als »Nähe« präzisiert.

(Wenn Sie jemandem in Ihr persönliches Leben Einlass gewähren, schaffen Sie Intimität.)

»Intimität« gehört zu den Wörtern, die nie ohne Interpretation auskommen. Für mich bedeutet es, dass man jemanden in sein Leben einlässt und dadurch Nähe entsteht. Das betrifft aus meiner Sicht in erster Linie Gespräche. Wenn man sich etwa mit mir auf einen Kaffee trifft, entstehen immer persönliche Gespräche – wie sich das Gesetz der Anziehung in Ihrem Leben bemerkbar macht oder wie es auf dem Gebiet des Erfolgs, der persönlichen Entwicklung oder der Beziehungen bei Ihnen aussieht. Das sind zum Beispiel Themen, die ich mit dem Begriff »Nähe« verbinde.

Die Bedeutung von »Freiheit« war und ist für mich völlig unbelastet.

Freiheit bedeutet für mich, dass ich selbst entscheide, was ich mit meiner Zeit anfange. Zeit bedeutet mir viel. Die Zeit, die ich mit guten Freunden verbringe, ist mir sehr lieb. Ich achte darauf, meine eigene Zeit und die anderer nicht zu vergeuden. Wenn ich beispielsweise meine Termine als Sprecher und Kursleiter plane, spielt immer der Gesichtspunkt eine Rolle, wie lange ich von zu Hause weg sein werde.

Auf *Ihre* Auslegung kommt es an

Zusammenfassung dieses Abschnitts

Die dreißig häufigsten Erfüllungsbedürfnisse und was sie bedeuten

Hier noch einmal die wichtigsten Punkte, die wir in diesem Teil besprochen haben:

- ❒ Es gibt dreißig besonders häufig vorkommende Erfüllungsbedürfnisse, von denen wir zur Bestimmung unserer vier wichtigsten ausgehen können.
- ❒ Bei anderen Wörtern lässt sich mit einem Test bestimmen, ob es sich um echte Erfüllungsbedürfnisse handelt.
- ❒ Zur Bestimmung der genauen Bedeutung eines Begriffs für ein Erfüllungsbedürfnis können wir uns an das Glossar am Ende des Buches halten.
- ❒ Wir können die Bedeutungen so »neu fassen«, dass sie für uns stimmen.
- ❒ Vor allem kommt es auf unsere eigene Auslegung der Begriffe an.

Herausfinden

Drei Hauptgebiete der Suche nach Erfüllung

Natürlich möchten Sie in allen Bereichen Ihres Lebens Zufriedenheit und Erfüllung finden, aber den allermeisten Menschen sind erst einmal diese drei Gebiete besonders wichtig:

- Beruf,
- Beziehungen und
- persönliche Selbstverwirklichung.

Zu jedem dieser Themen werden Sie eine Person kennenlernen, die den Entdeckungsprozess dieses Buches anwendet.

Berufliche Erfüllung
Sie werden Bekanntschaft mit Trevor machen, der schon viele Jahre als Steuerberater tätig ist und es weit gebracht hat, jetzt aber nicht mehr viel Befriedigung in seiner Arbeit findet.

Erfüllung in einer Beziehung
Dazu werden Sie Lucy kennenlernen. Sie hat die Datingszene gründlich satt und möchte herausfinden, was Erfüllung in der idealen Partnerschaft für sie bedeuten würde.

Erfüllung durch persönliche Verwirklichung
Mit Sophie steigen wir in dieses Thema ein. Ihr derzeitiges Leben geht ihr auf den Geist, sie ist innerlich umgetrieben und begreift gerade, dass sie unerfüllt ist und sich deshalb etwas ändern muss.

Erfüllung im Beruf

Trevors Geschichte

Hallo, ich heiße Trevor und bin Steuerberater, und zwar ein ziemlich erfolgreicher. Das ist eine wichtige Arbeit, die ich sehr ernst nehme. Von der Genauigkeit meiner Arbeit hängt eine Menge ab. Ich genieße entsprechendes Ansehen und das Vertrauen meiner Mandanten, denen ich bares Geld einbringe und bürokratische Kopfschmerzen erspare.

Ich habe mich langsam nach oben gearbeitet, mein Lehrgeld bezahlt, und jetzt führe ich eine gut gehende Kanzlei mit zwei Angestellten und erwirtschafte für mich und meine Familie ein ordentliches Einkommen. Mein Familienleben läuft ganz großartig, ich liebe meine Frau, meine Kinder, meinen Hund, meinen Garten – aber irgendetwas fehlt mir doch noch.

Da ist ein Gedanke, der mich verfolgt, eine Art sehnsüchtiges Verlangen nach etwas, was mein Leben erst abrunden würde. Ich glaube, dass in dem Leben, das ich aufgebaut habe, für ein paar wichtige Bedürfnisse nicht gesorgt ist. Außerdem ist mir nur allzu bewusst, wie schnell die Zeit vergeht, und ich möchte mir nicht eines Tages vorwerfen müssen, dass ich mich nicht aufgerafft habe, um für ein rundum befriedigendes Leben zu sorgen.

Meine Eltern haben mir früh beigebracht, dass es vor allem darauf ankommt, seinen Platz zu finden und einen sicheren Beruf zu haben. Auf eigenen Beinen stehen, Zuverlässigkeit, die Familie gut versorgen – das schienen die höchsten Werte zu sein, nach denen ich streben konnte. Tja, jetzt habe ich das alles verwirklicht und möchte trotzdem mehr. Ich brauche nicht mehr Dinge, mehr Menschen in meinem Leben, ich suche Zufriedenheit einer tieferen Art. Was also fehlt mir?

Ich denke an meine verstorbenen Großeltern, die aus einer ganz anderen Zeit stammten. Sie waren Bauern und stolz auf ihren Hof und das, was sie für die Gemeinschaft leisteten. Ich habe sie als ganz und gar mit ihrem Leben einverstanden in Erinnerung – obwohl ich mir für mich selbst kaum vorstellen kann, so einfach und mit so beschränkten Mitteln zu leben. Aber zweifellos waren meine Großeltern auch ohne großes Haus, schickes Auto, kostspielige Urlaube und hohe Ersparnisse glücklich. Was war ihr Geheimnis?

Wenn ich ganz ehrlich sein soll – und der bloße Gedanke erscheint mir beinahe als Frevel –, bin ich eigentlich schon so weit, dass ich meine jetzige Arbeit am liebsten hinschmeißen würde, um etwas zu tun, was mich wirklich befriedigt. Die Arbeit ist das einzige Gebiet in meinem Leben, das sich fad anfühlt, weil ich keine gefühlsmäßige Beziehung dazu habe. Es ist lange her, dass ich mich mit Begeisterung an die Arbeit gemacht habe. Sicher, es war toll damals, als ich meine kleine Firma aufbaute, ich war kreativ und habe auch Risiken nicht gescheut. Aber jetzt bin ich etabliert, und meine Stunden sind mit Zahlenkolonnen, Bergen von Belegen und Formularen angefüllt, und das gibt nicht viel Anregendes her. Soll das schon alles gewesen sein?

Ich habe mir gesagt, dass ich Hilfe brauche, um hier Klarheit zu finden. Dazu werde ich diese Sache mit den Erfüllungsbedürfnissen durchziehen und so weit in die Tiefe gehen, bis zu erkennen ist, für welche Art von Arbeit ich mich wirklich begeistern kann. Ich finde es spannend, mir vorzustellen, dass mir die Arbeit genauso viel Freude macht wie meine Familie. Also los.

Der Prozess des Herausfindens

Es gibt vier Übungen, mit denen man seine Erfüllungsbedürfnisse im Hinblick auf die Arbeit oder einen anderen Lebensbereich herausfindet:

Übung 1:	Vorauswahl der Erfüllungsbedürfnisse
Übung 2:	Arbeitsblatt zur derzeitigen Arbeit
Übung 3:	Arbeitsblatt zu einer früheren Tätigkeit
Übung 4:	Arbeitsblatt zum schlimmsten Job

Übung 1: Vorauswahl der Erfüllungsbedürfnisse

Trevor: Soweit ich das mit den Erfüllungsbedürfnissen verstehe, ist es so, dass ich Freude empfinde, wenn sie befriedigt werden. So einfach ist das. Was für ein eleganter und der Intuition entsprechender Zugang zu einem glücklichen, erfüllten Leben! Aber was mich froh macht, empfindet ein anderer nicht unbedingt als weltbewegend. Ich muss da etwas gezielter und strukturierter vorgehen, um klar herauszuarbeiten, wo *meine* Freude liegt.

Ich nehme mir also zuerst die Grundliste der Erfüllungsbedürfnisse vor und treffe eine Vorauswahl von Begriffen, die mir etwas bedeuten und sagen. Ich treffe meine Entscheidungen immer am liebsten spontan und aus dem Bauch heraus. Hier habe ich also jedes Wort kurz auf mich wirken lassen und gleich meine Gefühlsreaktion eingeschätzt. Dann habe ich, ohne lange zu überlegen, die Wörter gestrichen, die mir nichts Besonderes sagen. Es folgt also meine Auswahlliste mit ein paar Anmerkungen zu den Wahlkriterien.

Trevors Vorauswahl-Liste von Erfüllungsbedürfnissen

Abenteuer	Ich mag Unbekanntes und die Herausforderung, mich darin mit meinen eigenen Mitteln zurechtzufinden. Bin mir nicht sicher, ob das ein Rezept für erfolgreiche Arbeit ist.
~~Anerkennung~~	
~~Aufmerksamkeit~~	
Beitrag	Aber ja.
~~Besonders sein~~	
~~Bestätigung~~	
Einbindung	Wenn ich es recht bedenke, fühlt sich das Wort ganz schön gut an.
Einfluss	Oha, das ist ein interessantes Gefühl da im Bauch.
Einzigartigkeit	Ich wünsche mir ein einzigartiges Leben, aber ist das realistisch?
Erfolg	Erfolg und Leistung liegen für mich nah beieinander. Jedenfalls reizen mich große Ziele.
~~Fairness~~	
Freiheit	Ah, das schlägt bei mir an!
~~Gemeinschaft~~	
Herausforderung	Meinen eigenen Laden aufmachen, das war mein größter Moment.
Individualität	Ja, kann sein.

~~Integrität~~	
Intimität	Eher wenn ich an meine Familie denke. Doch warten wir ab.
Kontrolle	Ziemlich kantiges Wort, aber passt vielleicht doch.
Kreativität	Aber ganz bestimmt!
Leistung	Siehe unter Erfolg.
Leitung	Die hätte meine Frau gern; das muss ich mir noch mal überlegen.
~~Macht~~	
Selbstständigkeit	Ganz sicher!
~~Sicherheit (äußere)~~	
Sicherheit (innere)	Gibt auch ein interessantes Gefühl. Noch nie darüber nachgedacht.
Spaß	Klingt ein bisschen kindlich, aber ich will es mal lieber noch nicht streichen.
Verbundenheit	Ja, schon.
~~Wertschätzung~~	
~~Wichtigkeit~~	
Zustimmung	Auch wenn ich es nicht gern zugebe …

Im Folgenden nun die Liste von Trevors Vorauswahl seiner möglichen Erfüllungsbedürfnisse, die er in Übung 1 getroffen hat. Die Liste wird sich im Verlauf der weiteren Übungen füllen und dann eine Auswertung erlauben.

Trevors persönliche Bedürfnisliste

Übung 1	Übung 2				Übung 3				Übung 4			
Abenteuer												
Beitrag												
Einbindung												
Einfluss												
Einzigartig-keit												
Erfolg												
Freiheit												
Heraus-forderung												
Individua-lität												
Intimität												
Kontrolle												
Kreativität												

Trevors persönliche Bedürfnisliste												
Übung 1	Übung 2				Übung 3				Übung 4			
Leistung												
Leitung												
Selbstständigkeit												
Sicherheit (innere)												
Spaß												
Verbundenheit												
Zustimmung												

Übung 2: Die derzeitige Arbeit

Trevor: Ich bin, um es zu wiederholen, ein erfolgreicher selbstständiger Steuerberater. Mir gefällt daran, dass ich gutes Geld verdiene, dass die Leute mir vertrauen und mich gern in Anspruch nehmen und dass ich etwas sehr Komplexes vereinfachen kann. Mich befriedigt auch, dass ich das Unternehmen allein auf die Beine gestellt und unterhalten habe. Es spricht alles dafür, sein eigener Chef zu sein und niemanden zu haben, der einem ständig über die Schulter guckt.

Ein Nachteil bei diesem Job besteht darin, dass ich sehr viel ganz für mich allein arbeite. Es kann Tage dauern, bis ich mich durch eine schlechte Buchführung hindurchgewurstelt habe, und manchmal regt es mich auf, dass so viel Zeit und Geld durch die Schludrigkeit anderer verplempert wird. Nach Arbeitstagen dieser Art frage ich mich manchmal, ob ich wohl den Rest meiner Tage damit zubringen werde, den Schlamassel anderer aufzuarbeiten.

Erfüllungsbedürfnisse ermitteln – Trevors Arbeitsblatt zu seiner derzeitigen Tätigkeit

»Was ich an meiner jetzigen Arbeit wirklich nicht mag«		
A. Nennen Sie vier Aspekte Ihrer derzeitigen Arbeit, die Ihnen missfallen.		Welche Erfüllungsbedürfnisse aus Ihrer Liste sind hier *nicht* berücksichtigt?
1. Ich arbeite stundenlang für mich allein.	→	Verbundenheit
2. Die chaotische Buchhaltung meiner Mandanten nervt.	→	Kontrolle, Erfolg
3. Dass einfach nie ein Ende abzusehen ist.	→	Erfolg
4. Es ist immer das Gleiche.	→	Herausforderung, Kreativität

»Was mir an meiner jetzigen Arbeit gefällt«

B. Nennen Sie vier Aspekte Ihrer derzeitigen Arbeit, die Sie mögen.		Welche Erfüllungsbedürfnisse aus Ihrer Liste werden hier *befriedigt*?
1. Die Selbstständigkeit und das Wissen, dass ich etwas Großes aufgebaut habe.	→	Leistung, Kreativität
2. Ich verdiene gut und habe keine Geldsorgen.	→	Innere Sicherheit, Selbstständigkeit
3. Dass ich meinen Mandanten Steuernöte ersparen kann.	→	Einfluss, Intimität
4. Das Gefühl, über meine Zukunft selbst bestimmen zu können.	→	Freiheit, Selbstständigkeit

Übung 3: Eine frühere Tätigkeit

Trevor: Ich war nicht immer Steuerberater. Ich hatte als Schüler und Student Jobs, und auch danach war ich auf anderen Gebieten tätig, bevor ich mich für meine jetzige Arbeit entschieden habe. Am schönsten fand ich die Arbeit als Landschaftsgärtner, die ich vor dem Studium ein halbes Jahr lang gemacht habe. Die Bezahlung war mittelmäßig, aber es hat mir wirklich Freude bereitet, mit den Händen und der Erde zu arbeiten und anschließend zu sehen, was dadurch wuchs und blühte. (Das muss ich wohl von meinem Großvater geerbt haben.) Schön fand ich auch, dass ich mit Farben und Wuchsformen kreativ arbeiten konnte, um dann zu beobachten, wie sich die neue Gestaltung in die Umgebung einfügte. Noch heute fahre ich manchmal an einigen der Anwesen vorbei, die ich angelegt habe, und was ich da sehe, macht mich stolz – an etwas Großem mitgewirkt zu haben, das über mich als Person hinausgeht. Wenn ich da jetzt die ausgewachsenen Bäume sehe, die ich einmal als Schösslinge gesetzt habe, oder einen reich tragenden Weinstock, den ich als kleines Pflänzchen gehegt und gepflegt habe, ist nicht zu übersehen, dass aus meiner Arbeit etwas Gutes und Dauerhaftes hervorgegangen ist.

Aber längst nicht alles an dieser Arbeit habe ich als erfreulich in Erinnerung. Ich musste jeden Tag viele Stunden arbeiten, die Bezahlung war mittelprächtig, und mein Chef war wirklich eine Plage. Er war einfach nie zufrieden mit meiner Arbeit. An manchen Tagen war ich abends so fertig, dass ich das Essen ausließ und gleich ins Bett fiel.

Erfüllungsbedürfnisse ermitteln – Trevors Arbeitsblatt zu einer früheren Tätigkeit

»Was ich an meiner früheren Arbeit wirklich nicht mochte«		
A. Nennen Sie vier Aspekte Ihrer früheren Arbeit, die Ihnen missfielen.		Welche Erfüllungsbedürfnisse aus Ihrer Liste sind hier *nicht* berücksichtigt?
1. Ich musste viele Stunden für mittelmäßigen Lohn arbeiten.	→	Freiheit, innere Sicherheit
2. Mein Chef war schwierig und nie zufrieden.	→	Zustimmung, Intimität
3. Die Arbeit war oft extrem anstrengend.	→	Freiheit, Spaß
4. Es gab keine langfristige Perspektive.	→	Leistung

»Was mir an meiner früheren Arbeit gefiel«

B. Nennen Sie vier Aspekte Ihrer früheren Arbeit, die Sie mochten.		Welche Erfüllungsbedürfnisse aus Ihrer Liste wurden hier *befriedigt*?
1. Mit den Händen zu arbeiten.	→	Beitrag
2. Kreativer Umgang mit Farben und Formen.	→	Kreativität, Spaß
3. Zu wissen, dass ich etwas Wertbeständiges schaffe.	→	Einfluss, Erfolg
4. Im Freien arbeiten.	→	Freiheit, Selbstständigkeit

Übung 4: Der schlimmste Job

Trevor: Meinen schlimmsten Job überhaupt hatte ich ebenfalls vor dem Studium. Ich arbeitete für meinen älteren Bruder, der ein Bauunternehmen hatte. Die Bezahlung war indiskutabel, und mein Bruder kommandierte mich herum wie den letzten Idioten. Ich war für diese unzähligen kleinen Klammern und Vorrichtungen zuständig, mit denen Betongussverschalungen zusammengehalten werden. Die wurden nach der Demontage meist einfach auf Haufen geworfen, und es war ein echter Albtraum, die mit Betonbrocken überzogenen Dinger wieder zu entwirren. Den Saustall anderer aufräumen – wie ich das hasste! Konnten sie nicht ein bisschen planvoller und materialschonender arbeiten?

Aber auch in diesem Job war nicht alles nur schlimm. Ich habe Geduld gelernt und dass man manchmal einfach dranbleiben muss, um eine Arbeit fertigzubekommen. Auch die Kameradschaft unter den Kollegen habe ich genossen. Bei meiner jetzigen Tätigkeit fehlt mir das oft.

Erfüllungsbedürfnisse ermitteln – Trevors Arbeitsblatt zu seinem schlimmsten Job

»Was ich an meinem schlimmsten Job wirklich nicht mochte«	
A. Nennen Sie vier Aspekte Ihres schlimmsten Jobs, die Ihnen missfielen.	Welche Erfüllungsbedürfnisse aus Ihrer Liste waren hier *nicht* berücksichtigt?
1. Schlechte Bezahlung, ich fühlte mich ausgebeutet.	Innere Sicherheit, Erfolg
2. Meine Zeit mit dem Aufräumen des »Saustalls« anderer zu vergeuden.	Beitrag, Intimität
3. Belanglose Aufgaben ohne sichtbares Ergebnis.	Spaß, Erfolg
4. Mein Bruder war ein schrecklicher, herrischer Chef.	Freiheit

»Was mir an meinem schlimmsten Job gefiel«

B. Nennen Sie vier Aspekte Ihres schlimmsten Jobs, die Sie mochten.		Welche Erfüllungsbedürfnisse aus Ihrer Liste wurden hier *befriedigt*?
1. Die Kameradschaft in der Zusammenarbeit.	→	Verbundenheit
2. Der Gedanke, dass sie meinen Charakter formte.	→	Herausforderung
3. Ich erfuhr etwas über diesen Wirtschaftszweig und sah, wie man ein Unternehmen führt.	→	Kreativität
4. Im Freien arbeiten.	→	Freiheit, Selbstständigkeit

Auswertung

Trevors persönliche Bedürfnisliste ist jetzt ausgefüllt und lässt nach den vier Übungen seine Schwerpunkte erkennen (siehe nachfolgende Auflistung).

Trevors Liste der persönlichen Erfüllungsbedürfnisse

Übung 1	Übung 2				Übung 3				Übung 4			
Abenteuer												
Beitrag					x				x			
Einbindung												
Einfluss	x				x							
Einzigartigkeit												
→ Erfolg	x	x			x				x	x		
→ Freiheit	x				x	x	x		x	x		
Herausforderung	x								x			
Individualität												
Intimität	x				x				x			
Kontrolle	x											

Trevors Liste der persönlichen Erfüllungsbedürfnisse

Übung 1	Übung 2				Übung 3				Übung 4			
→ Kreativität	×	×			×				×			
Leistung	×				×							
Leitung												
→ Selbstständigkeit	×	×			×				×			
Innere Sicherheit	×				×				×			
Spaß					×	×			×			
Verbundenheit	×								×			
Zustimmung					×							

Trevors vier wichtigste Erfüllungsbedürfnisse

Erfolg

Freiheit

Kreativität

Selbstständigkeit

Was änderte sich für Trevor?

Trevor: Diese vier Übungen waren wirklich aufschlussreich. Beim Blick auf die fertige Liste meiner Erfüllungsbedürfnisse dachte ich: »Mensch, so großartig soll ich mich bei der Arbeit fühlen? Habe ich mir das etwa die ganze Zeit versagt?«

Als ich die vier wichtigsten Erfüllungsbedürfnisse herausgearbeitet hatte, war plötzlich alles sonnenklar. Die Erinnerung an Freude und Widerwillen bei der Arbeit öffnete mir die Augen. Ich verstand, was ich mir von meiner Arbeit wünsche: Sie soll lebensbejahend sein und etwas von bleibendem Wert schaffen. Ich möchte Resultate sehen können, ich möchte mir sagen können, dass ich wirklich etwas bewegt habe. Klar ist jetzt auch, dass ich bei jeder Art von Arbeit selbst das Sagen haben möchte – keine Bosse, keine Teilung der Leitungsbefugnis mit jemand anderem.

Ich kann nun auch sagen, dass mein größtes, mein entscheidendes Erfüllungsbedürfnis bei meiner jetzigen beruflichen Tätigkeit einfach fehlt: Kreativität. Bei der gärtnerischen Arbeit konnte ich aus nichts etwas machen und Brachland zum Leben erwecken – ich sah die Möglichkeiten, die nur darauf warteten, dass sie gesehen und umgesetzt wurden.

Erfüllung in der Beziehung

Lucys Geschichte

Meine Mutter sagte gern: »Lucy, das Meer hat so viele Fische, halt einfach die Nase zu und greif dir einen.« Sie ist an der Küste aufgewachsen, daher ihre Vorliebe für Fisch-Metaphern. Sie war auch sehr traditionell eingestellt und betrachtete Beziehungen unter dem Gesichtspunkt der Religion und Pflichterfüllung. Wenn du also einen erwischt hast, dann halt ihn gut fest und zieh ihn an Land. Dann einen Haushalt einrichten und Kinder kriegen – und von da an immer glücklich und zufrieden. In diesem Glauben bin ich erzogen worden, aber er kommt mir jetzt bei der Suche nach einem Partner fürs Leben in die Quere.

Als Teenager habe ich davon geträumt, mich in einen ebenso gut aussehenden wie geheimnisvollen Typen zu verlieben und in einem VW-Bus aus meinem Heimatnest abzuhauen, um schließlich am Meer zu landen und am Strand, unsere Füße umspült vom blinkenden Wasser, mein Jawort zu geben.

Seit meinem Studium sehe ich mich nach diesem Mann vom Strand um, und die Suche wird mit den Jahren ein bisschen dringlich.

Die Folge ist, dass ich mich an Kandidaten allzu schnell ranschmeiße und ihnen dann himmelangst wird. Viele haben das am Ende in ihren »Liebe-Lucy«-Briefen eingestanden, und davon besitze ich eine schöne Sammlung. Manchmal fühle ich mich wie in einer dieser Fernsehshows, wo man irgendetwas ganz schnell schaffen muss, während im Hintergrund der Sekundenzeiger läuft. Vielleicht versuche ich da, meiner biologischen Uhr zuvorzukommen.

Es bekümmert mich, dass ich *den Richtigen* vielleicht nicht finde. Ich hätte wirklich gern Kinder und dann Enkel, möchte mich aber nicht an irgendeinen binden, der gerade so daherkommt. Ich möchte einen echten Partner, der mit mir durch dick und dünn geht und auch Kinder mag.

Ich fühle mich wie zwischen zwei Kräften, die mich in verschiedene Richtungen ziehen. Bringe ich den an Land, den ich eher zufällig zu fassen bekomme, oder suche ich weiter nach dem einen, der wirklich zu mir passt? Wiegt mein Wunsch nach Geborgenheit und Verlässlichkeit womöglich mehr als der nach Liebe und Romantik?

So hatte ich mir das nicht vorgestellt. Meine große Liebe finden – das soll wie von selbst gehen, wie durch ein Wunder. Wie konnte etwas so Kalkuliertes daraus werden?

Ich finde es sehr inspirierend, das jetzt mit den Übungen zu meinen Erfüllungsbedürfnissen aufzuklären. Da kann ich mal genau sortieren, was mir wirklich wichtig ist, was mir Freude macht.

Der Prozess des Herausfindens

Es gibt vier Übungen, mit denen man seine Erfüllungsbedürfnisse im Hinblick auf die Beziehung herausfindet:

Übung 1: Vorauswahl der Erfüllungsbedürfnisse

Übung 2: Arbeitsblatt zur derzeitigen Beziehung

Übung 3: Arbeitsblatt zu einer früheren Beziehung

Übung 4: Arbeitsblatt zur schlimmsten Beziehung

Übung 1: Vorauswahl der Erfüllungsbedürfnisse

Lucy: Liebe, Liebe, Liebe! Das ist schon meine ganze Liste. Halt, Moment, »Liebe« steht ja gar nicht auf der Grundliste der Erfüllungsbedürfnisse. Vielleicht ist Liebe gar kein Erfüllungsbedürfnis. Wenn ich mir Liebe wünsche, geht es wohl eher um das Gefühl, das ich damit verbinde.

Die Grundliste der dreißig Erfüllungsbedürfnisse verzeichnet Gefühle und Zustandsbeschreibungen, die wir alle schon erlebt haben und folglich kennen. Beim ersten Lesen stoße ich auf lauter Wörter, mit denen ich kaum etwas verbinde. »Macht« zum Beispiel, ich kann mir nicht vorstellen, dass Macht zu meinen Erfüllungsbedürfnissen gehört. Diese Vorauswahl wird mir sicher keine Mühe bereiten.

Es folgt also meine kommentierte Vorauswahl. Ich war über die Wahl einiger Begriffe selbst überrascht.

Lucys Vorauswahl-Liste von Erfüllungsbedürfnissen	
Abenteuer	Ja, gut, sollte aber klimatisiert sein.
Anerkennung	Kann man sicher sagen.
Aufmerksamkeit	Aufmerksamkeit mag doch jeder.
~~Beitrag~~	
Besonders sein	Schließlich bin ich ja eine Prinzessin.
~~Bestätigung~~	
~~Einbindung~~	
~~Einfluss~~	
~~Einzigartigkeit~~	
~~Erfolg~~	
~~Fairness~~	
~~Freiheit~~	
Gemeinschaft	Wenn ich weiß, dass ich vielen Leuten wichtig bin, fühle ich mich gut aufgehoben.
~~Herausforderung~~	
Individualität	Ja. Weiß aber nicht so genau, wie sich das mit meinen Träumen verträgt.
Integrität	Wünsche ich mir bei meinem Partner. Vertrauen ist wichtig.
Intimität	Ungeschützt sein können, das bedeutet mir viel.

Kontrolle	Hoffentlich nicht kontrollsüchtig.
~~Kreativität~~	
Leistung	Vielleicht liegt das an meiner Erziehung, aber eine Familie zu gründen ist eine große Sache. Der bloße Gedanke, »Mama« genannt zu werden, macht mich stolz.
Leitung	Das bleibt nicht aus, wenn man Familie hat.
Macht	Durch diese Übung sehe ich »Macht« jetzt positiver.
~~Selbstständigkeit~~	
Sicherheit (äußere)	Ich möchte nicht allein alt werden.
Sicherheit (innere)	Dito.
Spaß	Für Spaß bin ich immer zu haben. Schon das Wort macht mir Spaß.
Verbundenheit	Für mich ähnlich wie Gemeinschaft.
~~Wertschätzung~~	
Wichtigkeit	Ja, ich möchte anderen wichtig sein.
Zustimmung	Die Meinung meiner Mutter ist mir schon wichtig.

Übung 2: Die derzeitige Beziehung

Lucy: Also, ich treffe mich mit ziemlich vielen Männern, aber meine derzeitige Beziehung, das ist wohl Steven. Er ist ziemlich witzig, wir lachen dauernd. Für meinen Spaßfaktor ist bei ihm sicherlich gesorgt, Humor macht alles so viel leichter. Außerdem möchte er irgendwann die Welt bereisen, und das gehört ja auch zu meinen Träumen.

Er steht in einer Disco in unserer Gegend hinterm Tresen. Da hat er oft bis in die Nacht zu tun und ist natürlich ständig von beschwipsten und zu Flirts aufgelegten Frauen umgeben. Er weiß, wie sehr mich das aufregt, aber so ist nun mal sein Job. Könnte er nicht in irgendeiner Kleingärtnervereinsklause Bier ausschenken? Mich verunsichert das manchmal.

Natürlich ist das ein Vollzeitberuf, aber könnten wir uns von seinem Einkommen ein Haus leisten? Und wie soll er seiner Vaterrolle gerecht werden, wenn er bis in die Puppen arbeitet? Es ist noch zu früh, darüber einmal ernsthaft mit ihm zu reden, aber es scheint, dass er gar nicht mehr sein will, als er jetzt ist.

Dass er mich ganz toll findet und verwöhnt, das mag ich natürlich. Er vergöttert mich, und das gibt mir das Gefühl, dass ich ihm wichtig bin. Er hat immer kleine Geschenke für mich, er massiert mir die Füße …

Ich mag ihn wirklich, aber meine Uhr tickt, und ich muss immer denken, dass er in meinem Traum von einer Familie vielleicht doch nicht vorkommt, jedenfalls nicht mit seinem jetzigen Beruf.

Erfüllungsbedürfnisse ermitteln – Lucys Arbeitsblatt zu ihrer derzeitigen Beziehung

»Was ich an meiner gegenwärtigen Beziehung wirklich nicht mag«		
A. Nennen Sie vier Aspekte Ihrer derzeitigen Beziehung, die Ihnen missfallen.		Welche Erfüllungsbedürfnisse aus Ihrer Liste sind hier *nicht* berücksichtigt?
1. Sorgen um seine Treue.	→	Innere Sicherheit
2. Der Gedanke, dass er uns nicht gut versorgen kann.	→	Innere Sicherheit
3. Die Aussicht, beim Aufziehen der Kinder nicht viel Unterstützung zu haben.	→	Innere Sicherheit, Verbundenheit
4. Sein mangelnder Ehrgeiz, ein besseres Leben aufzubauen.	→	Wichtigkeit, Integrität

»Was mir an meiner jetzigen Beziehung gefällt«

B. Nennen Sie vier Aspekte Ihrer jetzigen Beziehung, die Sie mögen.		Welche Erfüllungsbedürfnisse aus Ihrer Liste werden hier *befriedigt*?
1. Seinen Humor.	→	Spaß
2. Die gemeinsamen Reiseträume.	→	Abenteuer
3. Geliebt und geschätzt zu werden.	→	Aufmerksamkeit, Intimität
4. Das Gefühl, wichtig genommen zu werden.	→	Wichtigkeit

Übung 3: Eine frühere Beziehung

Lucy: Beim Gedanken an frühere Beziehungen sticht eine heraus, weil sie damals alles an Sicherheit und allem anderen zu versprechen schien, was ich mir nur wünschen konnte.

Die erste Begegnung mit Paul war einfach die Wucht. Er war Universitätsprofessor und lehrte Quantenmechanik. Er konnte die subatomare Welt so fesselnd beschreiben, dass ich ihm wie gebannt zuhörte. Ich verstand zwar nicht viel, aber seine Begeisterung war ansteckend. Wenn er in eine seiner wahnsinnig komplexen Darstellungen entschwebte, hatte man fast das Gefühl, dass er einen Vorhang zur Seite zog und einen Blick auf die Geheimnisse des Universums bot.

Außerdem war er romantisch veranlagt und sprach gern davon, dass er eines Tages Familie haben und sich niederlassen würde. Er verdiente gut und hatte eine Festanstellung – mehr Sicherheit kann man sich kaum vorstellen.

Nähe, echte innere Nähe, vertrug er nicht so gut, und das gefiel mir schon viel weniger. Wenn ich auch nur ein bisschen Druck machte, wich er genauso weit zurück. Wenn ich weinte, tätschelte er mich und machte begütigend »Na, na«, aber eigentlich wollte er nicht wissen, was wirklich mit mir los war. Wenn ich mit ihm zusammen sein wollte, musste ich mich selbst zurückstellen und ihm allen Raum lassen.

Er war ein brillanter Kopf und wurde von seinen Studenten verehrt, vielleicht wusste er einfach nicht, wie das geht:

einmal nicht zu glänzen, sondern wirklich erreichbar zu sein.

Irgendwann hatte ich keine Lust mehr, ein Herz zu beknien, das sich einfach nicht öffnen wollte. Es beschädigte mein Selbstwertgefühl, so als wäre ich unwichtig und nicht liebenswert.

Erfüllungsbedürfnisse ermitteln – Lucys Arbeitsblatt zu einer früheren Beziehung

»Was ich an meiner früheren Beziehung wirklich nicht mochte«		
A. Nennen Sie vier Aspekte Ihrer früheren Beziehung, die Ihnen missfielen.		Welche Erfüllungsbedürfnisse aus Ihrer Liste sind hier *nicht* berücksichtigt?
1. Seine Rückzüge, wenn ich Gefühle zeigte.	→	Intimität, Verbundenheit
2. Nicht verstanden zu werden.	→	Intimität, Anerkennung
3. Dass mir die Rolle der zweiten Geige zugedacht war.	→	Macht, Anerkennung
4. Hinter jemandem her zu sein, der meine wichtigsten Interessen nicht teilt.	→	Aufmerksamkeit, Intimität

»Was mir an meiner früheren Beziehung gefiel«

B. Nennen Sie vier Aspekte Ihrer früheren Beziehung, die Sie mochten.		Welche Erfüllungsbedürfnisse aus Ihrer Liste werden hier *befriedigt*?
1. Von jemandem fasziniert und elektrisiert zu sein.	➡	Spaß, besonders sein
2. Den gemeinsamen Traum: sich niederzulassen und Familie zu haben.	➡	Verbundenheit, innere Sicherheit
3. Dass er so hoch geachtet war.	➡	Macht, Integrität
4. Die Aussicht auf finanzielle Sicherheit und Stabilität.	➡	Innere und äußere Sicherheit

Übung 4: Die schlimmste Beziehung

Lucy: Oje, muss ich das wirklich noch mal aufrollen? Meine schlimmste Beziehung ist wie ein Lehrstück für alle Frauen auf Partnersuche – bloß nicht diesen Kurs nehmen! Klippen und Untiefen voraus! Die Rede ist natürlich von Beziehungen, die auf Misshandlung hinauslaufen – nicht körperlich, aber seelisch in meinem Fall.

Mark war Feuerwehrmann, mutig und geradeheraus, in mancher Hinsicht ein Held. Seine Kollegen in der Feuerwache wussten, dass sie sich auf ihn verlassen konnten. Er war so ganz und gar besetzt von seiner Arbeit, dass ich mich des Gefühls nicht erwehren konnte, es müsse in seinem Leben irgendetwas sehr Schlimmes geben, was ihn immer wieder trieb, an seine äußersten Grenzen zu gehen. Es war so, als müsste er ständig Drachen töten, um irgendetwas zu beweisen.

Oh, wie ich ihn haben wollte, ich war so verknallt, dass ich nicht mehr klar sehen konnte. Er war auch anfangs ein richtiger Kavalier. Er war höflich und umsichtig, hielt mir die Tür auf oder bot mir den Arm, wenn wir abends bei Dunkelheit unterwegs waren. Aber mit der Zeit wurde er immer grantiger, zog wegen irgendwelcher Kleinigkeiten über mich her, fand immer etwas auszusetzen. Ich fühlte mich gedemütigt.

Es kam immer wieder zum Krach mit heftigen Beschimpfungen und anschließender Versöhnung. Es ging so weit, dass ich dachte, ich müsste bei ihm bleiben, weil mich ja sonst sowieso keiner nähme. Mark hatte meine Selbstachtung derart untergraben, dass ich für jede freundliche Geste seinerseits dankbar war.

Das waren finstere Zeiten, die zum Glück nicht lange anhielten. Ich holte mir Rat und wurde darauf aufmerksam gemacht, dass seine Wutanfälle und die sprachlichen Ausfälligkeiten nichts mit mir zu tun hatten. Da sagte ich mir: Wenn er seine Vergangenheit aufarbeiten muss, kann er das sicher auch ohne mich.

Erfüllungsbedürfnisse ermitteln – Lucys Arbeitsblatt zu ihrer schlimmsten Beziehung

»Was ich an meiner schlimmsten Beziehung wirklich nicht mochte«		
A. Nennen Sie vier Aspekte Ihrer schlimmsten Beziehung, die Ihnen missfielen.		Welche Erfüllungsbedürfnisse aus Ihrer Liste sind hier *nicht* berücksichtigt?
1. Zu sehen, wie er alte Verletzungen auslebt.	➡	Integrität, Kontrolle
2. Angst vor seiner Übellaunigkeit und seinen Ausbrüchen.	➡	Innere Sicherheit
3. Wegen Dingen kritisiert zu werden, die nichts mit mir zu tun haben.	➡	Integrität, Kontrolle
4. Fehlende Selbstachtung.	➡	Besonders sein, Macht

»Was mir an meiner schlimmsten Beziehung gefiel«

B. Nennen Sie vier Aspekte Ihrer schlimmsten Beziehung, die Sie mochten.		Welche Erfüllungsbedürfnisse aus Ihrer Liste werden hier *befriedigt*?
1. Einen bewunderten und hoch angesehenen Partner zu haben.	→	Integrität
2. Anfangs: mich respektiert und geschätzt zu fühlen.	→	Aufmerksamkeit
3. Die Aussicht auf ein Leben mit sicherer Versorgung.	→	Innere Sicherheit, Kontrolle
4. Zu lernen, dass Selbstachtung nur aus mir kommt.	→	Macht

Auswertung

Lucys persönliche Bedürfnisliste ist jetzt ausgefüllt und lässt nach den vier Übungen ihre Schwerpunkte erkennen (siehe nachfolgende Auflistung).

Lucys Liste der persönlichen Erfüllungsbedürfnisse

Übung 1	Übung 2				Übung 3				Übung 4			
Abenteuer	x											
Anerkennung					x	x						
Aufmerksamkeit	x				x				x			
Besonders sein					x				x			
Gemeinschaft												
Individualität												
→ Integrität	x				x				x	x	x	
→ Intimität	x				x	x	x					
Kontrolle									x	x	x	
Leistung												
Leitung												

Lucys Liste der persönlichen Erfüllungsbedürfnisse

Übung 1	Übung 2				Übung 3				Übung 4			
Macht					x	x			x	x		
Sicherheit (äußere)					x				x			
Sicherheit (innere)	x	x	x		x	x			x			
Spaß	x				x							
Verbundenheit	x				x	x						
Wichtigkeit	x	x										
Zustimmung												

Lucys vier wichtigste Erfüllungsbedürfnisse

Integrität

Intimität

Macht

Sicherheit (innere)

Was änderte sich für Lucy?

Lucy: Also, wenn ich einfach so auf meine größten Erfüllungsbedürfnisse getippt hätte, anstatt mich mit diesen verschiedenen Fragestellungen auseinanderzusetzen, hätte ich bestimmt Spaß und Abenteuer auf die Liste gesetzt und wäre nie darauf gekommen, dass Macht für mich so wichtig ist.

Ich habe gelernt, dass ich für meine vier größten Erfüllungsbedürfnisse einen langen Atem brauche. Integrität, Intimität, Macht und Sicherheit – sie haben alle etwas mit einer starken Grundlage für mein Leben zu tun.

Ich habe einiges gelernt. Ich kann einfach ohne Druck und Eile weitergehen. Vielleicht wird aus meiner Beziehung zu Steven doch noch was, vielleicht auch nicht. Jedenfalls weiß ich jetzt, was ich für ein glückliches Zusammenleben brauche. Ich kann es kaum erwarten. Na ja, vielleicht doch.

Erfüllung durch Selbstverwirklichung

Sophies Geschichte

Ich heiße Sophie und bin wirklich bereit für eine grundlegende Veränderung. Seit einigen Jahren wird mir immer deutlicher bewusst, dass mein Leben mich nicht wirklich befriedigt – so als würde ich irgendwie an mir vorbeileben. Arbeiten, schlafen und essen, das kann doch nicht schon alles sein! Aber verstehen Sie mich nicht falsch, ich gehe auf in meinem Job als Friseurin. Da kann ich kreativ sein und habe mit Menschen aller Art zu tun (ich rede zu gern mit den Leuten über ihr Leben), und das Geld reicht für meine Ausgaben. Nein, meine Arbeit ist nicht das Problem.

Ich habe auch sonst genug Gesellschaft. Ich gehe viel mit Freundinnen aus: zum Essen, ins Kino, zum Tanzen. Sie sind unkompliziert, wir haben Spaß, wir lassen uns gar nicht erst auf allzu tiefe persönliche Themen oder Gefühlsdinge ein – alles immer ganz locker und leicht. Aber manchmal (inzwischen sogar meistens) beschleicht mich ein Gefühl von Stillstand. Nichts tut sich eigentlich, und der tiefere Sinn meiner kurzen Zeit auf dieser Erde erschließt sich offenbar nicht von selbst.

Meine Freunde bedeuten mir wirklich sehr viel, aber ich kann auch gut mit mir allein sein. Ich habe eine blühende Fantasie, die für meine eigene Unterhaltung sorgt und mich zum Lachen bringt, ich bin ein sprühender Gesprächspartner und tanze wild mit mir allein (natürlich hinter zugezogenen Gardinen). Könnte ich mich klonen, wäre ich bestimmt eine tolle Freundin und Vertraute. Nur dass mir ständig entfällt, wovon ich soeben geredet habe, und ich dann wie im Tran den Kühlschrank leer futtere … wo war ich gerade?

Ach ja. Es ist eigentlich nicht so, dass ich andere Freunde brauche. Mir scheint nur, dass es noch mehr zu entdecken gibt – an mir und meinem Weg auf diesem Planeten.

Ein Gedanke verfolgt mich und jagt mir manchmal richtig Angst ein, nämlich dass ich etwas übersehe und deshalb verpasse, was für mein Glück furchtbar wichtig wäre. Ich glaube, dass für ein paar wirklich grundlegende Bedürfnisse nicht gesorgt ist in diesem Leben, wie ich es mir eingerichtet habe. Mir ist auch die Zeit sehr bewusst, und ich möchte nicht irgendwann bedauern müssen, dass ich nicht alles unternommen habe, um das aus mir zu machen, was in mir steckt. Ich habe genug gelesen, um zu wissen, dass da noch ein wahres Ich ist, das geboren werden möchte. Ich weiß nur einfach noch nicht, welche Person das ist und was sie richtig glücklich machen würde.

Immerhin habe ich jetzt gehört, dass dieser Prozess der Identifizierung meiner Erfüllungsbedürfnisse auf die tiefe Befriedigung hinauslaufen kann, nach der ich mich sehne. Ich bin kein sehr analytischer Mensch, aber das will ich nun mal versuchen.

Der Prozess des Herausfindens

Es gibt vier Übungen, mit denen man seine Erfüllungsbedürfnisse im Hinblick auf die persönliche Verwirklichung herausfindet:

Übung 1: Vorauswahl der Erfüllungsbedürfnisse

Übung 2: Arbeitsblatt zur derzeitigen Lebenssituation

Übung 3: Arbeitsblatt zu einer früheren Lebenssituation

Übung 4: Arbeitsblatt zur schlimmsten Lebenssituation

Übung 1: Vorauswahl der Erfüllungsbedürfnisse

Sophie: »Erfüllung« – ah, wie gut das schon klingt, so ... füllig, so nach Fülle. Da hab ich gleich das Gefühl, dass die Richtung stimmt.

Jetzt soll ich erst mal die Grundliste der Erfüllungsbedürfnisse durcharbeiten und entscheiden, welche mir wichtig sind und welche mir nicht so viel bedeuten. Soweit ich es verstanden habe, sind das die Bedürfnisse, die am häufigsten genannt werden; ich kann auch eigene hinzufügen, wenn ich möchte.

Auf der nachfolgenden Auflistung sehen Sie, was dabei herausgekommen ist. Toll finde ich an der Sache, dass man hier gleich erkennt, wie unterschiedlich die Leute veranlagt sind und dass es wohl viele Wege zum Glück gibt. Ich muss nur die Kombination finden, die genau zu mir passt.

Sophies Vorauswahl-Liste von Erfüllungsbedürfnissen	
Abenteuer	Ich mag zwar nicht so aussehen, aber ich selbst betrachte mich als abenteuerlustig.
~~Anerkennung~~	
Aufmerksamkeit	Von Männern zum Beispiel. Bin mir nicht sicher, was hier gemeint ist.
Beitrag	Ja. Ganz bestimmt.
Besonders sein	Das Wort »besonders« schmeckt mir nicht, aber ich kann mich damit abfinden.
~~Bestätigung~~	
~~Einbindung~~	
Einfluss	Hm, weiß nicht. Aber ich lass es noch stehen.
Einzigartigkeit	Ich sehe mich als einzigartig. Ist das auch ein Bedürfnis?
~~Erfolg~~	
Fairness	Interessant, das will ich mal lieber noch nicht streichen.
Freiheit	Ja!
~~Gemeinschaft~~	
~~Herausforderung~~	

Individualität	Das dürfte zutreffen.
Integrität	Sofern es bedeutet, dass ich meinen Werten treu bleibe.
~~Intimität~~	
~~Kontrolle~~	
Kreativität	Da habe ich wirklich so einiges zu bieten!
~~Leistung~~	
Leitung	In mancher Hinsicht.
Macht	Ich sehe mich eher als stark. Macht über andere liegt mir nicht.
Selbstständigkeit	Kann sein.
~~Sicherheit (äußere)~~	
~~Sicherheit (innere)~~	
Spaß	Vielleicht würde »Umtrieb« besser auf mich passen.
Verbundenheit	Ich weiß nicht, ob das ein Bedürfnis ist, aber ich liebe Menschen.
Wertschätzung	Ich mag es, wenn man gut von mir denkt.
~~Wichtigkeit~~	
Zustimmung	Das lässt sich wohl schwer leugnen.

Übung 2: Die derzeitige Lebenssituation

Sophie: Ich definiere mein persönliches Leben als die Gesamtheit meiner Erfahrung, wobei meine primäre Beziehung und meine Arbeit im gegenwärtigen Zusammenhang nicht betrachtet werden. Es geht demnach um alles, was ich denke und fühle, wenn ich allein oder unter Freunden bin: wie ich mich in meiner Beziehung zur Welt sehe. Zu meinem persönlichen Leben gehören für mich auch meine philosophischen und spirituellen Anschauungen – die Ideen, die meine Persönlichkeit ausmachen.

Ich bin wie gesagt sehr gesellig, der Umgang mit anderen macht mir viel Spaß. Meine Freunde sind immer darauf aus, dass es locker und unterhaltsam zugeht, und ich weiß, dass sie mich mögen und gern dabeihaben. Das mag ich wirklich sehr: zu einer Bande gehören. Dumm ist nur, dass sie alle nicht wissen, wer ich wirklich bin. Würde ich Themen anschneiden, die mir wichtig sind, hätte ich die Sorge, dass ich sie damit verprelle. Aber Karaoke und Tanzen genügen doch auch nicht, oder?

Für mich allein lese ich gern spirituelle und metaphysische Sachen. Das pustet mir das Gehirn durch, da muss ich meine Lebensanschauungen hinterfragen und bekomme Aufschlüsse über mein »wahres Ich«. Ja, ich weiß, für eine Friseurin ist das ziemlich tiefschürfend.

Ich probiere jetzt auch ein bisschen mit Meditation herum. Mein Alltag besteht ja hauptsächlich aus lockerem Plaudern, und da bringt es mir wirklich eine Menge Aufschluss, wenn ich innerlich mal still werden kann.

Erfüllungsbedürfnisse ermitteln – Sophies Arbeitsblatt zu ihrer derzeitigen Lebenssituation

»Was ich an meiner gegenwärtigen Lebenssituation wirklich nicht mag«		
A. Nennen Sie vier Aspekte Ihrer derzeitigen Lebenssituation, die Ihnen missfallen.		Welche Erfüllungsbedürfnisse aus Ihrer Liste sind hier *nicht* berücksichtigt?
1. Dass es nur oberflächliche Gespräche gibt.	→	Verbundenheit
2. Die Befürchtung, als New-Age-Spinnerin angesehen zu werden.	→	Fairness
3. Die Sorge, ich könnte mein Leben mit vordergründigen Dingen vertun.	→	Besonders sein, Einzigartigkeit
4. Dass es da zu wenig um neue Ideen und Lebensformen geht.	→	Kreativität

»Was mir an meiner gegenwärtigen Lebenssituation gefällt«

B. Nennen Sie vier Aspekte Ihrer derzeitigen Lebenssituation, die Sie mögen.		Welche Erfüllungsbedürfnisse aus Ihrer Liste werden hier *befriedigt*?
1. Einen verlässlichen Freundeskreis zu haben.	→	Verbundenheit
2. Dass ich allen möglichen Ideen über das Ich nachgehen kann.	→	Abenteuer
3. Dass ich andere zum Lachen bringen und Ihnen ein gutes Gefühl geben kann.	→	Beitrag, Spaß
4. Dass ich ein tiefes Gefühl von Sammlung und Frieden für mich entdecke.	→	Integrität

Übung 3: Eine frühere Lebenssituation

Sophie: Die schönste Zeit meines Lebens war die Kindheit. Wie ich die endlosen Sommerferien genossen habe, wenn wir zu unserer Hütte fuhren und ich die Wälder um den See erkunden konnte oder in der Hängematte lag und in den Tag hineinträumte. Besonders gern habe ich abends auf dem Bootssteg gelegen, in die Sterne geschaut und mir diese gigantischen Entfernungen vorgestellt.

Ich hielt die Hände hoch und betrachtete ihre Silhouette vor dem Licht der Milchstraße. Wie konnte das alles so groß und ich so klein sein? Wieso bin ich so klein in etwas so Großem? Ist das alles für uns so angelegt? So viele Fragen, so viel Staunenswertes.

Schon als Kind wusste ich, dass solche Fragen wichtig sind. Meine Eltern hatten keine Antworten – das weiß ich, weil ich sie gefragt habe. Sie amüsierten sich über meinen unstillbaren Wissensdurst, aber es beunruhigte sie auch ein bisschen, dass ich meine Fragen so ernst meinte. Sie dachten wohl, die Interessen sollten bei einer Neunjährigen nicht weiter gehen als bis zu ihren Barbie-Puppen und dem kleinen Spielzeugherd mit Backofen. Ich schien ein bisschen aus der Rolle zu fallen und fing an, meine Äußerungen selbst zu zensieren, damit meine Eltern mich weiterhin liebenswert fanden.

Meine Mutter hielt mich für reichlich versponnen, weshalb ich bestimmte Sachen lieber für mich behielt. Einmal erklärte ich meinen Eltern, das Universum sei so riesig, es könne kaum sein, dass wir Menschen hier auf der Erde die einzigen intelligenten Wesen im gesamten Kosmos sind. Ich meine, habt ihr euch mal die Zahlen angesehen?

Also, für den Rest dieses Urlaubs zogen sie mich auf als »Königin der Galaxie«. Heute kann ich darüber lachen, aber ich erinnere mich noch gut an den Stich, den es mir gab, für meine Neugier und Fantasie ausgelacht zu werden. Damals habe ich wohl gelernt, meine Gedanken nicht mehr so offen mitzuteilen und mir lieber zweimal zu überlegen, wem ich sie anvertrauen könnte.

Erfüllungsbedürfnisse ermitteln – Sophies Arbeitsblatt zu einer früheren Lebenssituation

»Was ich an meiner früheren Lebenssituation wirklich nicht mochte«		
A. Nennen Sie vier Aspekte Ihrer früheren Lebenssituation, die Ihnen missfielen.		Welche Erfüllungsbedürfnisse aus Ihrer Liste sind hier *nicht* berücksichtigt?
1. Das Gefühl, dass ich meiner Neugier nicht freien Lauf lassen konnte.	→	Freiheit, Einzigartigkeit
2. Die Sorge, nicht liebenswert zu sein.	→	Zustimmung, Wertschätzung
3. Befangenheit, als seltsam angesehen zu werden.	→	Freiheit, Zustimmung
4. Niemanden zu haben, dem ich meine Gedanken mitteilen konnte.	→	Verbundenheit

»Was mir an meiner früheren Lebenssituation gefiel«

B. Nennen Sie vier Aspekte Ihrer früheren Lebenssituation, die Sie mochten.		Welche Erfüllungsbedürfnisse aus Ihrer Liste werden hier *befriedigt*?
1. Meine Fantasie leben zu können.	→	Kreativität, Spaß
2. Mich der Natur verbunden zu fühlen.	→	Abenteuer
3. Mich tiefen Gedanken widmen zu können.	→	Freiheit
4. Dass ich Eigenständigkeit und Selbstvertrauen aufbauen konnte.	→	Macht

Übung 4: Meine schlimmste Lebenssituation

Sophie: Das war ganz eindeutig der Sommer nach meinem Abgang von der Schule. Die Aussicht auf ein neues Leben und meinen ersten Job war unwahrscheinlich aufregend. Zum ersten Mal Freiheit – endlich!

Tatsächlich war es aber einfach so, dass die meisten meiner Freunde wegzogen, entweder um zu studieren oder um eine Stelle anderswo anzutreten. Und ich, beliebt und immer umtriebig, fühlte mich allein gelassen, enttäuscht und ziellos. Es war ein bitteres Erwachen: Wenn man erwachsen wird, muss man die Welt der Kindheit und die Schulfreundschaften hinter sich lassen, um ein eigenes Leben aufbauen zu können. Vielleicht haben sie das ja in Hauswirtschaftslehre durchgenommen, als ich mal krank und nicht dabei war …

Monatelang habe ich meinem alten Leben nachgetrauert. Aber wie das so ist, ich spürte auch Kräfte und Fähigkeiten in mir wachsen. Ich traf jetzt meine eigenen Entscheidungen, zum Beispiel für die Friseurinnenausbildung. Zur Vertiefung meiner Allgemeinbildung besuchte ich Abendkurse. Ich lernte neue Freunde unterschiedlichster Herkunft kennen, und diesmal schloss ich die Freundschaften deshalb, weil ich die Leute mochte, und nicht, weil sie nebenan wohnten oder zum Fußballteam gehörten.

Manchmal musst du ein bisschen »auseinandergenommen« werden, damit etwas Neues und Besseres aus dir werden kann. Ja, das war eine harte Zeit, aber es hat sich gelohnt, die blauen Flecken einfach einzustecken.

Erfüllungsbedürfnisse ermitteln – Sophies Arbeitsblatt zu ihrer schlimmsten Lebenssituation

»Was ich an meiner schlimmsten Lebenssituation wirklich nicht mochte«		
A. Nennen Sie vier Aspekte Ihrer schlimmsten Lebenssituation, die Ihnen missfielen.		Welche Erfüllungsbedürfnisse aus Ihrer Liste sind hier *nicht* berücksichtigt?
1. Von meinen alten Freundschaften abgeschnitten zu sein.	➡	Verbundenheit
2. Für mein Umfeld weniger wichtig zu sein.	➡	Einfluss, Aufmerksamkeit
3. Trauer um den Verlust meines behaglichen alten Lebens.	➡	Spaß
4. Keine klaren Ziele und keine klare Richtung zu haben.	➡	Einzigartigkeit

»Was mir an meiner schlimmsten Lebenssituation gefiel«		
B. Nennen Sie vier Aspekte, die Sie an Ihrer schlimmsten Lebenssituation mochten.		Welche Erfüllungsbedürfnisse aus Ihrer Liste werden hier *befriedigt*?
1. Das zunehmende Gefühl, auf eigenen Beinen zu stehen.	➡	Macht, Selbstständigkeit
2. Festzustellen, dass ich Möglichkeiten hatte und selbst entscheiden konnte.	➡	Freiheit
3. Zu sehen, dass die Welt voller ganz verschiedener Menschen ist.	➡	Verbundenheit
4. Dass mir die ganze Welt offenstand.	➡	Macht

Auswertung

Sophies persönliche Bedürfnisliste ist jetzt ausgefüllt und lässt nach den vier Übungen ihre Schwerpunkte erkennen (siehe die nachfolgende Auflistung).

Sophies Liste der persönlichen Erfüllungsbedürfnisse

Übung 1	Übung 2				Übung 3				Übung 4			
Abenteuer	x				x							
Aufmerksamkeit									x			
Beitrag	x											
Besonders sein	x											
Einfluss									x			
➔ Einzigartigkeit	x				x				x			
Fairness	x											
➔ Freiheit					x	x	x		x	x		
Individualität												
Integrität	x											
Kreativität	x				x							
Leitung												

Sophies Liste der persönlichen Erfüllungsbedürfnisse

Übung 1	Übung 2				Übung 3				Übung 4			
Macht					x				x			
Selbstständigkeit									x			
➡ Spaß	x				x				x			
➡ Verbundenheit	x	x			x				x	x		
Wertschätzung					x							
Zustimmung					x	x						

Sophies vier wichtigste Erfüllungsbedürfnisse

Einzigartigkeit

Freiheit

Spaß

Verbundenheit

Was änderte sich für Sophie?

Sophie: Besonders aufschlussreich war für mich nach der Betrachtung verschiedener Abschnitte meines Lebens, dass ich offenbar wirklich die Verbundenheit mit anderen brauche, um glücklich zu sein. Auch wenn ich mich als unerschrockene Entdeckerin sehe, das Zusammensein und der Austausch mit anderen macht mir doch immer wieder viel Freude. Ich kann Spaß mit Freunden haben und dabei doch stolz auf meine Einzigartigkeit blicken.

Meine persönliche und spirituelle Entwicklung bleiben sehr wichtig für mich – inzwischen sind sie eigentlich das Wichtigste in meinem Leben. Aber ich erkenne jetzt auch kreative Ansätze, um diese beiden Bedürfnisse unter einen Hut zu bekommen und zu einem erfüllten Leben zu verbinden, das mir immer wieder neu Freude macht.

Ich bin wirklich gespannt, auf was ich als Nächstes komme.

Jetzt sind Sie dran

Der Prozess des Herausfindens

Es gibt vier Übungen, mit denen Sie Ihre Erfüllungsbedürfnisse herausfinden:

- Übung 1: Vorauswahl der Erfüllungsbedürfnisse
- Übung 2: Arbeitsblatt zur derzeitigen Arbeit, Beziehung oder Lebenssituation
- Übung 3: Arbeitsblatt zu einer früheren Arbeit, Beziehung oder Lebenssituation
- Übung 4: Arbeitsblatt zu Ihrem schlimmsten Job, Ihrer schlimmsten Beziehung oder schlimmsten Lebenssituation

Die Arbeitsblätter (Sie können sie von der Website www.integral-verlag.de/downloads-losier herunterladen) in diesem Kapitel sind für die berufliche Situation ausgelegt, Sie können sie aber für die Beziehung und Lebenssituation abwandeln, je nachdem, was Ihnen am wichtigsten ist. Beachten Sie beim Ausfüllen der Arbeitsblätter Folgendes:

- Jeder Aspekt Ihrer Arbeit, den Sie mögen oder nicht mögen, kann mit mehr als einem Erfüllungsbedürfnis zusammenhängen. Führen Sie alle auf, die eine Rolle spielen.
- Ein und dasselbe Erfüllungsbedürfnis kann bei mehreren Aspekten, beispielsweise Ihrer derzeitigen Arbeit, unbefriedigt bleiben; listen Sie diese dann entsprechend oft auf.
- Die Anzahl der Kreuze (✘) zeigt dann die Wichtigkeit eines Bedürfnisses an, unabhängig davon, ob Sie es als »nicht berücksichtigt« oder »befriedigt« markiert haben.
- Wenn ein Erfüllungsbedürfnis nach dem Abschluss aller drei Ermittlungsphasen (gegenwärtige, frühere und schlimmste [Arbeits-]Situation) gar keine Markierung hat, gehört es ganz sicher nicht zu Ihren wichtigsten Bedürfnissen und kann vernachlässigt werden.

Wie gelangen Sie zu Entscheidungen?

Es gibt unterschiedliche Wege, auf denen wir zu Entscheidungen finden. In meinem Buch *Das Gesetz der Beziehung* habe ich vier Lern- beziehungsweise Kommunikationsstile benannt, die unseren Weg zu Entscheidungen bestimmen: visuell, auditiv, kinästhetisch und digital. Wenn Sie Ihren eigenen Stil kennen und verstehen, kann Sie das bei den nächsten Schritten unterstützen. Entdecken Sie Ihren persönlichen Lern- oder Kommunikationsstil unter den folgenden vier Typen?

	Sie brauchen ein Wort nur zu *sehen* und wissen dann sofort, ob es auf Sie zutrifft oder nicht (visuell).
	Wenn Sie ein Wort *hören*, erkennen Sie an der Resonanz, die es in Ihnen auslöst, ob es für Sie richtig klingt oder nicht (auditiv).
	Sie *fühlen*, ob ein Wort auf Sie zutrifft oder nicht. Vielleicht sagt Ihnen auch Ihr »Bauch*gefühl*«, ob ein Wort passt (kinästhetisch).
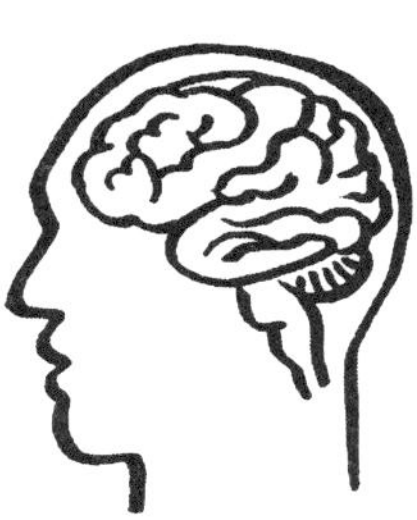	Sie *wissen* einfach, welche Bedürfnisse in Ihrer persönlichen Liste enthalten sein sollten – sie leuchten Ihnen ein (digital).

Übung 1: Die Vorauswahl meiner Erfüllungsbedürfnisse

Erfüllungsbedürfnis	Meine Anmerkungen
Abenteuer	
Anerkennung	
Aufmerksamkeit	
Beitrag	
Besonders sein	
Bestätigung	
Einbindung	
Einfluss	
Einzigartigkeit	
Erfolg	
Fairness	
Freiheit	
Gemeinschaft	
Herausforderung	

Individualität	
Integrität	
Intimität	
Kontrolle	
Kreativität	
Leistung	
Leitung	
Macht	
Selbstständigkeit	
Sicherheit (äußere)	
Sicherheit (innere)	
Spaß	
Verbundenheit	
Wertschätzung	
Wichtigkeit	
Zustimmung	

Übung 2: Erfüllungsbedürfnisse ermitteln – Ihr Arbeitsblatt zu Ihrem derzeitigen Beruf

»Was ich an meiner jetzigen Arbeit wirklich nicht mag«	
A. Nennen Sie vier Aspekte Ihrer derzeitigen Arbeit, die Ihnen missfallen.	Welche Erfüllungsbedürfnisse aus Ihrer Liste sind hier *nicht* berücksichtigt?
1.	
2.	
3.	
4.	

»Was mir an meiner jetzigen Arbeit gefällt«

B. Nennen Sie vier Aspekte Ihrer derzeitigen Arbeit, die Sie mögen.		Welche Erfüllungsbedürfnisse aus Ihrer Liste werden hier *befriedigt*?
1.	➡	
2.	➡	
3.	➡	
4.	➡	

Übung 3: Erfüllungsbedürfnisse ermitteln – Ihr Arbeitsblatt zu einer früheren Tätigkeit

»Was ich an meiner früheren Arbeit wirklich nicht mochte«	
A. Nennen Sie vier Aspekte Ihrer früheren Arbeit, die Ihnen missfielen.	Welche Erfüllungsbedürfnisse aus Ihrer Liste sind hier *nicht* berücksichtigt?
1.	
2.	
3.	
4.	

»Was mir an meiner früheren Arbeit gefiel«

B. Nennen Sie vier Aspekte Ihrer früheren Arbeit, die Sie mochten.		Welche Erfüllungsbedürfnisse aus Ihrer Liste werden hier *befriedigt*?
1.	➡	
2.	➡	
3.	➡	
4.	➡	

Übung 4: Erfüllungsbedürfnisse ermitteln – Ihr Arbeitsblatt zu Ihrem schlimmsten Job

»Was ich an meinem schlimmsten Job überhaupt nicht mochte«	
A. Nennen Sie vier Aspekte Ihres schlimmsten Jobs, die Ihnen missfielen.	Welche Erfüllungsbedürfnisse aus Ihrer Liste sind hier *nicht* berücksichtigt?
1.	➡
2.	➡
3.	➡
4.	➡

»Was mir an meinem schlimmsten Job gefiel«

B. Nennen Sie vier Aspekte Ihres schlimmsten Jobs, die Sie mochten.		Welche Erfüllungsbedürfnisse aus Ihrer Liste werden hier *befriedigt*?
1.	➡	
2.	➡	
3.	➡	
4.	➡	

Die Liste meiner persönlichen Erfüllungsbedürfnisse												
Übung 1	Übung 2				Übung 3				Übung 4			

Die Liste meiner persönlichen Erfüllungsbedürfnisse

Übung 1	Übung 2				Übung 3				Übung 4			

Anwenden

Was fange ich jetzt damit an?

Solange Sie nicht wissen, was Sie wirklich befriedigt, kommt es vor, dass Sie sich auf Menschen, Situationen oder Jobs einlassen, die Ihnen kein gutes Gefühl geben. Aber jetzt ist Ihnen klar, was es bedeutet, wenn etwas sich nicht gut anfühlt: Es befriedigt Ihre Bedürfnisse nicht. Deshalb war es so wichtig, Ihre Erfüllungsbedürfnisse zu ermitteln.

Mit der Kenntnis Ihrer vier wichtigsten Erfüllungsbedürfnisse haben Sie nun einen Maßstab, an dem Sie sich bei Ihren Entscheidungen orientieren können.

Eines meiner wichtigsten Bedürfnisse besteht darin, die Menschen im positiven Sinne zu beeinflussen. Kaum etwas befriedigt mich mehr, als von Absolventen dieses Bestimmungsprozesses zu hören, was sie jetzt anders machen. Ich will Ihnen anhand einiger Beispiele vor Augen führen, wie die Leute dieses neue Wissen um ihre wahren Bedürfnisse in Verbesserungen ihres Lebens umsetzen.

Viele geben an, dass sie bei der Suche nach einer neuen Stelle anhand ihrer vier wichtigsten Erfüllungsbedürfnisse bestimmen, was sie brauchen werden, um sich zufrieden und erfüllt zu fühlen. Manche sagen auch, ihre vier wichtigsten Erfüllungsbedürfnisse seien für die Entscheidung wichtiger als das Gehalt.

Andere geben an, ihr Verhältnis zu Geschäftspartnern und Kollegen habe sich verbessert, seit sie über die Erfüllungsbedürfnisse anderer informiert seien. Der Zusammenhalt innerhalb eines Teams verbessert sich deutlich, wenn alle ihre Erfüllungsbedürfnisse bestimmt haben und die der anderen dann nicht nur kennen, sondern auch berücksichtigen. Manche Teams machen davon sogar eine Aufstellung, die jedem Mitglied zur Verfügung steht.

Immer wieder höre ich auch, dass die neuen Kenntnisse für die Verbesserung aller Beziehungen verwendet werden. Wenn man die Erfüllungsbedürfnisse anderer kennt, kann man es bewusst darauf anlegen, sie zu erfüllen oder zumindest im Blick zu haben.

Wie ich die Kenntnis meiner Erfüllungsbedürfnisse geschäftlich nutze

Mit der Kenntnis meiner Top-4-Bedürfnisse habe ich mir ein Leben und eine Firma aufgebaut, die meine Ansprüche Tag für Tag befriedigen. Ich treffe alle meine Entscheidungen anhand der Frage, ob damit mindestens eins meiner wichtigsten Bedürfnisse erfüllt wird.

In der Tabelle steht nun das, was ich zur Befriedigung meiner vier wichtigsten Erfüllungsbedürfnisse – Aufmerksamkeit, positiver Einfluss, Intimität und Freiheit – unternehme.

Meine Strategien zur Befriedigung meiner Erfüllungsbedürfnisse
❐ Ganztägige Seminare ein- bis zweimal im Monat
❐ Präsentationen ein- bis zweimal im Monat
❐ Bücher signieren
❐ Zwei bis drei Radiointerviews die Woche
❐ Meine Facebook-Seite
❐ Telekurse per Konferenzschaltung
❐ Coaching und Beratung

»He, Michael, ich höre eben,
dass ein Kranführer gesucht wird.
Da würdest du doppelt so viel
verdienen. Interessiert?«

»Da muss ich erst mal wissen,
ob irgendeines meiner vier
wichtigsten Erfüllungsbedürfnisse
befriedigt wird.«

Wie sieht es damit bei Ihnen aus?

Fällt Ihnen etwas ein, das Sie mit der Kenntnis Ihrer vier wichtigsten Erfüllungsbedürfnisse tun könnten, um Ihr Leben zu verbessern? Wenn Sie Ihre früheren Erfahrungen unter dem Gesichtspunkt Ihrer jetzt entdeckten Erfüllungsbedürfnisse betrachten, lassen sich doch sicher einige Schlüsse ziehen. Nehmen Sie sich die Zeit dazu.

Lassen Sie sich darauf ein, mehr von dem zu tun, was Ihren wahren Bedürfnissen entspricht, schließlich sind Sie jetzt sensibilisiert und erkennen früher, ob Sie etwas tun, was Sie nicht wirklich befriedigt. Und wenn es tatsächlich notwendig ist, so etwas zu tun, tun Sie es so kurz wie möglich.

Machen Sie sich gleich ein paar Notizen.

Was ich tun kann, damit meine Erfüllungsbedürfnisse befriedigt werden

Zusammenfassung

In diesem Abschnitt haben wir festgestellt,

- ❐ dass die Kenntnis unserer vier wichtigsten Erfüllungsbedürfnisse uns bei Entscheidungen unterstützen kann;
- ❐ dass wir etwas unternehmen können, um selbst für die regelmäßige Befriedigung unserer Erfüllungsbedürfnisse zu sorgen.

Mehr Klarheit über Ihre Top-4-Erfüllungsbedürfnisse gewinnen

Nutzen Sie positive oder negative Maßnahmen zur Befriedigung Ihrer Erfüllungsbedürfnisse?

Sie haben vier (oder mehr) Erfüllungsbedürfnisse gefunden, die für Sie offenbar von besonderer Bedeutung sind. Ich werde Ihnen jetzt zeigen, wie Sie testen können, ob Sie richtig gewählt haben und welches Ihrer wichtigsten Erfüllungsbedürfnisse ganz obenan steht.

Vielleicht haben Sie bei etlichen Erfüllungsbedürfnissen gleich viele Kreuzchen machen können und tun sich jetzt schwer, zu entscheiden, welches besonders stark ist. Es kann auch sein, dass Sie bei einem Bedürfnis mit besonders vielen Kreuzchen trotzdem nicht sicher sind, ob es auf Sie zutrifft.

Sie können beispielsweise mit folgender Testfrage feststellen, welche Ihrer Erfüllungsbedürfnisse die obersten vier Plätze einnehmen sollten oder welches das stärkste ist: »Habe ich schon einmal versucht, mit negativen oder ungeeigneten Maßnahmen für die Befriedigung dieses Erfüllungsbedürfnisses zu sorgen?«

In den meisten Fällen lautet die Antwort »ja!«, wenn es sich um eines Ihrer Top-4-Erfüllungsbedürfnisse handelt.

Nehmen wir an, Sie hätten festgestellt, dass Aufmerksamkeit zu Ihren wichtigsten Erfüllungsbedürfnissen gehört. Fragen Sie sich jetzt, wie Sie für die Befriedigung dieses Bedürfnisses zu sorgen versucht haben. Waren Sie der Klassenclown? Haben Sie angegeben? Wenn Sie hier mit einem Ja antworten müssen, kann es gut sein, dass Aufmerksamkeit wirklich eines Ihrer großen Bedürfnisse ist.

Und wie steht es mit Zustimmung? Haben Sie je auf negative Art versucht, jemandes Zustimmung zu finden? Vielleicht erinnern Sie sich an eine Zeit, in der Sie für Aufmerksamkeit und Zustimmung alles getan hätten. Das wäre ein guter Grund, beide Bedürfnisse zu Ihren allerwichtigsten zu zählen.

Betrachten wir als Beispiel drei Erfüllungsbedürfnisse von jemandem, den wir Florian nennen wollen, und dazu seine positiven und negativen Strategien zur Befriedigung dieser Bedürfnisse.

Positive und negative Strategien

Florians Erfüllungsbedürfnisse	Positive Strategie 	Negative Strategie 
Verbundenheit	Ich bin umgänglich bei der Arbeit.	Ich will mich beliebt machen.
Freiheit	Ich nehme mir jede Woche einen Tag ganz für mich.	Ich widerrufe Zusagen gegenüber Freunden und meiner Familie.
Spaß	Ich schmeiße Partys und organisiere alle möglichen Events.	In jüngeren Jahren habe ich mich oft über andere lustig gemacht.

Wie sieht das bei Ihnen aus?

Tragen Sie in die folgende Tabelle Ihre vier wichtigsten Erfüllungsbedürfnisse ein, und versuchen Sie, sich zu erinnern, welche positiven und negativen Methoden Sie zu ihrer Befriedigung angewendet haben.

Meine Erfüllungsbedürfnisse	Positive Strategie 	Negative Strategie 

Es kann sich herausstellen, dass Sie gerade bei einem Ihrer wichtigsten Erfüllungsbedürfnissen eher zu negativen Strategien geneigt haben. Das ist ein Indiz dafür, dass es sich um Ihr allerwichtigstes Bedürfnis handelt.

Der Haftzettelprozess: die Reihenfolge Ihrer vier wichtigsten Bedürfnisse ermitteln

Nach den fünf Schritten der folgenden Übung werden Sie die Reihenfolge Ihrer vier wichtigsten Erfüllungsbedürfnisse kennen.

1. Verlassen Sie sich auf Ihre Intuition

Schreiben Sie Ihre wichtigsten vier (oder mehr) Erfüllungsbedürfnisse auf Haftzettel. Betrachten Sie jedes Einzelne aufmerksam. Passt es? Leuchtet es Ihnen ein? Erkennen Sie sich darin wieder? Sehen Sie sich selbst so?

Ordnen Sie die Zettel jetzt ganz intuitiv nach ihrer Wichtigkeit: »Dieses ist für mich alles entscheidend.« Oder: »Auf dieses kann ich notfalls verzichten.« Heften Sie die Zettel dann in der so ermittelten Reihenfolge übereinander an. Ändern Sie die Reihenfolge ruhig wieder, bis Sie ein Gefühl der Stimmigkeit empfinden.

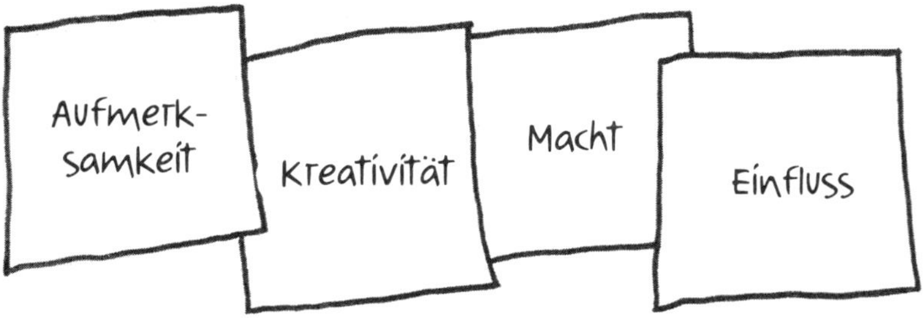

2. Unangenehme Erinnerungen

Gab es in Ihrem Leben Ereignisse und Zeiten, in denen für Ihre Erfüllungsbedürfnisse nicht gesorgt war? Sehr deutliche schlechte Erinnerungen bedeuten wahrscheinlich, dass Ihre Bedürfnisse dabei unbefriedigt blieben. Wenn Ihnen so etwas einfällt, gehen Sie gleich zu Ihren Haftnotizen, um festzustellen, welches Ihrer Bedürfnisse hier unerfüllt blieb.

Gerade bei dieser Übung kann es sein, dass Sie auf die Erfüllungsbedürfnisse stoßen, die Ihnen am meisten bedeuten. Oftmals fallen uns unerfreuliche Erlebnisse leichter ein, und da Sie jetzt Ihre vier wichtigsten Erfüllungsbedürfnisse benannt und in eine vorläufige Reihenfolge gebracht haben, verstehen Sie vielleicht besser, weshalb Sie damals so unglücklich waren.

Einer meiner Klienten fand heraus, dass Bestätigung für ihn ein sehr wichtiges Bedürfnis war. Dazu fiel ihm eine Zeit ein, in der er regelmäßig bis weit in den Abend hinein und an den Wochenenden gearbeitet hatte, um ein Projekt für seinen Chef durchzuziehen, aber irgendetwas an Bestätigung oder Anerkennung gab es dafür nicht. Er erinnert sich noch ganz genau, wie sehr ihn das erbitterte, und heute weiß er, dass es an seinem starken Wunsch nach Anerkennung lag.

3. Glückliche Erinnerungen

Denken Sie an etwas zurück, das für Sie mit Freude verbunden war. Immer wenn Sie denken oder sagen »Mann, das war toll!«, sollten Sie gleich überlegen, welches Ihrer Erfüllungsbedürfnisse da befriedigt wurde. Dann werden Sie immer besser verstehen, *weshalb* ein Erlebnis so erfreulich war.

Der genannte Klient erinnert sich außerdem sehr gut an einen Tag, an dem er seinen Nachbarn, einem älteren Paar, beim Baumschnitt in ihrem Garten half. Danach ließen sie jahrelang keine Gelegenheit aus, immer wieder zu erwähnen, was für eine große Hilfe seine Arbeit war. Kurz, sie gaben ihm Bestätigung, und jetzt weiß er auch, weshalb ihm das so viel bedeutete.

4. Weitreichende Entscheidungen

Denken Sie an irgendeine große Entscheidung, die Sie einmal getroffen haben, zum Beispiel:

- Sie haben eine Beziehung oder Freundschaft beendet.
- Sie sind eine neue Beziehung eingegangen oder haben mit jemandem Freundschaft geschlossen.
- Sie haben eine Arbeitsstelle aufgegeben.
- Sie haben eine neue Stelle angenommen.
- Sie haben sich etwas Kostspieliges angeschafft oder ein Haus gekauft.

- Sie haben sich für ein Urlaubsziel und gegen ein anderes entschieden.
- Sie haben ein Auto gekauft.
- Sie haben eine ehrenamtliche Tätigkeit aufgegeben.
- Sie haben eine ehrenamtliche Tätigkeit aufgenommen.
- Sie haben sich einer Gruppierung oder einem Verein angeschlossen.
- Sie haben eine Gruppe verlassen oder sind aus einem Verein ausgetreten.

Was brachte Sie zu Ihren Entscheidungen? Sehen Sie die Gründe jetzt klarer? Wissen Sie heute besser, weshalb Sie Ihr Leben um etwas erweitert oder etwas aus Ihrem Leben entfernt haben? Erkennen Sie einen Bezug zwischen Ihren Entscheidungen und Ihren Erfüllungsbedürfnissen?

5. Was verschafft Ihnen heute tiefe Befriedigung?

Sobald Sie wieder einmal erleben, dass Sie rundum zufrieden sind, sehen Sie sich die Reihenfolge Ihrer Haftnotizen an. Welche Erfüllungsbedürfnisse sind gerade befriedigt, und welches ist das wichtigste Bedürfnis? Verändern Sie gegebenenfalls die Anordnung. Wenn Sie das nächste Mal Erfüllung erleben, sehen Sie wieder nach und vergewissern Sie sich, ob die Reihenfolge noch stimmt.

Gewöhnen Sie sich an, immer wieder mal die ganze Liste Ihrer Erfüllungsbedürfnisse zu betrachten, bis sie Ihnen geläufig geworden sind und zur Einschätzung jeder Situation zur Verfügung stehen.

Irgendwann könnte sich herausstellen, dass viele Ihrer früheren Erlebnisse mit einem ganz bestimmten Bedürfnis zusammenhängen. Das kann bedeuten, dass dieses Erfüllungsbedürfnis besonders wichtig für Sie ist. Behalten Sie es im Auge, erkennen Sie seine Bedeutung an, und überlegen Sie, ob Sie es an die erste Position Ihrer Haftzettel setzen.

Es kann sein, dass Sie die Reihenfolge Ihrer Topbedürfnisse mehrmals ändern, bevor sie sich dauerhaft richtig anfühlt. Vergewissern Sie sich also immer wieder mal, überprüfen Sie die Anordnung. Dieser Umgang mit den Haftzetteln soll Sie darauf trainieren, immer wieder auf Ihre vier wichtigsten Erfüllungsbedürfnisse zu blicken und sich ihre Bedeutung für Sie erneut vor Augen zu führen.

Vielleicht haben Sie früher einmal gemeint, alle Erfüllungsbedürfnisse spielten für Sie eine Rolle, aber jetzt kennen Sie die vier, die Ihnen wirklich wichtig sind.

Gute Arbeit, Sie haben eine Menge geschafft!

Zusammenfassung

In diesem Teil haben wir herausgefunden,

- ❒ dass wir uns mit positiven und negativen Methoden um die Befriedigung unserer Erfüllungsbedürfnisse bemühen können;
- ❒ wie wir unsere vier wichtigsten Erfüllungsbedürfnisse durch die Betrachtung früherer Erlebnisse in eine Reihenfolge bringen können;
- ❒ dass wir diese Reihenfolge mit ergänzenden Ansätzen genauer abstimmen können;
- ❒ dass wir die Reihenfolge so lange umstellen können, bis wir ganz damit zufrieden sind.

Was die Kenntnis Ihrer Erfüllungsbedürfnisse für Ihre Beziehungen bedeutet

Erfüllung in Beziehungen

Da Sie jetzt Ihre Erfüllungsbedürfnisse kennen, können Sie andere in das Verfahren zu ihrer Bestimmung einführen, damit sie ebenfalls ihre Bedürfnisse erkennen und sich gezielt für ihre Befriedigung einzusetzen vermögen. Das wird Ihre Beziehungen zu diesen Menschen deutlich verbessern.

Wo es nicht möglich ist, anderen die erforderlichen Schritte nahezubringen, können Sie diese Menschen zumindest beobachten und dann vielleicht auf ihre Erfüllungsbedürfnisse schließen – und natürlich Ihre eigenen mitteilen. Es wird Sie wahrscheinlich überraschen, wie weit Ihre neue Sicht der Dinge reicht.

Was andere sagen, die ihre Erfüllungswünsche in der Beziehung ermittelt haben

»Seine Erfüllungsbedürfnisse zu kennen, das ist wie eine Abkürzung zum Glück in der Partnerschaft. Man braucht dann diese Ratespiele und Machtkämpfe nicht mehr, beide können so sein, wie sie wirklich sind. Man versteht sich, man fühlt sich ein, und das verbindet. Der Beziehungsalltag macht viel mehr Spaß, und wenn es mal Schwierigkeiten gibt, geht man sie als eingeschworenes Team an.« – Michelle

»Als mein Mann und ich Klarheit über unsere Erfüllungsbedürfnisse gewonnen hatten, wussten wir endlich auch, wo der jeweils andere stand. Kleine und große Entscheidungen fielen uns plötzlich viel leichter, weil wir wussten, was dem anderen und uns beiden zusammen Freude macht. Seit wir unsere Erfüllungsbedürfnisse kennen, verstehen wir die Betrachtungsweise des anderen schneller und so viel leichter – auch die beste Eheberatung könnte das nicht leisten.« – Adriana

Die Paarbeziehung

Sicher haben Sie schon mal jemanden über Probleme in seiner Paarbeziehung klagen hören – oder waren Sie es sogar selbst?

Und ebenso sicher kennen Sie Leute, die in ihrer Paarbeziehung richtig zufrieden sind. Man spürt das einfach im Zusammensein mit solchen Menschen.

Wenn beide Partner die Erfüllungsbedürfnisse des jeweils anderen kennen und mittragen, fördert das die Kommunikation und Harmonie zwischen ihnen.

Wie geht man da vor?

Meine Klienten Brenda und Paul waren seit acht Jahren verheiratet und hatten Kinder. Sie wünschten sich beide mehr Erfüllung in ihrer Beziehung. Dazu führte ich sie erst einmal durch den Prozess der Bestimmung ihrer vier wichtigsten Erfüllungsbedürfnisse.

Bei Brenda waren das: Selbstständigkeit, Kontrolle, äußere Sicherheit und Beitrag.

Bei Paul: Aufmerksamkeit, Leitung, Einfluss und Beitrag.

Danach bat ich sie, zu erzählen, was sie im Hinblick auf ihre Bedürfnisse miteinander erlebten. Jetzt verstanden sie ja nicht nur ihre eigenen Erfüllungsbedürfnisse besser, sondern auch die des anderen. Dabei fiel ihnen auf, dass sie sich früher nie groß gefragt hatten, was der andere brauchte, um sich zufrieden und erfüllt zu fühlen.

Brendas Beziehungs-Arbeitsblatt

Nachdem Sie alle Maßnahmen zur Ermittlung Ihrer vier wichtigsten Erfüllungsbedürfnisse durchgeführt und mit Ihrem Partner besprochen haben, beantworten Sie bitte folgende Fragen.
Was haben Sie über sich selbst herausgefunden? Früher fiel es mir nicht leicht, zu meinem Wunsch nach mehr Selbstständigkeit (oder Zeiten des Alleinseins) zu stehen. Jetzt weiß ich, wie wichtig das für mich ist, für mein Gefühl von Zufriedenheit und Erfüllung. Außerdem mag ich es, wenn ich die Dinge unter Kontrolle habe. Alles in allem befriedigt es mich zu wissen, welche Erfüllungsbedürfnisse mir ein gutes Gefühl geben.
Was haben Sie über Ihren Partner erfahren? Mir war nicht klar, dass Aufmerksamkeit für Paul so wichtig ist und mein Wunsch nach Selbstständigkeit dazu manchmal im Widerspruch stand. Außerdem sehe ich jetzt, dass sein Beitrag manchmal darin besteht, die Leitung zu übernehmen.

Was möchten Sie in Ihrer Beziehung anders machen?
Da ich unsere Erfüllungsbedürfnisse jetzt kenne, habe ich für die Befriedigung meiner Bedürfnisse selbst zu sorgen und kann Paul darin unterstützen, es ebenso zu tun. Ich will auch versuchen, ihm in mehr Dingen die Leitung zu überlassen, etwa bei der Planung unserer Ausflüge. Und ich finde sicher Möglichkeiten, ihm die Aufmerksamkeit zu schenken, die er braucht.

Welche Anregungen können Sie Ihrem Partner geben, damit er besser in der Lage ist, Sie bei der Befriedigung Ihrer vier wichtigsten Erfüllungsbedürfnisse zu unterstützen?
(Brenda gab hier vier Anregungen zu jedem ihrer vier größten Erfüllungsbedürfnisse, die Sie in der folgenden Übersicht wiedergegeben finden.)

Meine Bedürfnisse	Meine Anregungen für Paul
1. Selbst-ständigkeit	Wir könnten uns auf ein Zimmer im Haus einigen, in dem ich für mich allein sein kann. Dabei hätte ich ein besseres Gefühl, wenn ich wüsste, dass Paul einverstanden ist.
2. Kontrolle	Da Kontrolle für mich sehr wichtig ist, wäre es eine Hilfe, wenn Paul daran dächte, dass ich mit meinen Vorhaben gern im Plan bleibe. Er ist oft Feuer und Flamme für seine neuesten Einfälle, und da würde ich mir wünschen, dass er sie verfolgt, ohne meine Planung über den Haufen zu werfen.
3. Äußere Sicherheit	Ich bin dabei, mir ein eigenes Geschäft aufzubauen, und es würde mir Sicherheit geben, zu wissen, dass er (finanziell) für mich da ist.
4. Beitrag	Es macht uns beide froh, unseren Beitrag zum Allgemeinwohl leisten zu können. Wir tun das auch seit Jahren gemeinsam, und das sind unsere glücklichsten Zeiten. Das sollte in Zukunft noch mehr werden.

Ihr persönliches Beziehungs-Arbeitsblatt

Jetzt sind Sie wieder an der Reihe.

Nachdem Sie alle Maßnahmen zur Ermittlung Ihrer vier wichtigsten Erfüllungsbedürfnisse durchgeführt und mit Ihrem Partner besprochen haben, beantworten Sie bitte folgende Fragen.

Was haben Sie über sich selbst herausgefunden?

____

____

____

____

____

____

Was haben Sie über Ihren Partner erfahren?

____

____

____

____

____

____

Was möchten Sie in Ihrer Beziehung anders machen?

____

____

____

____

____

____

Welche Anregungen können Sie Ihrem Partner geben, damit er besser in der Lage ist, Sie bei der Befriedigung Ihrer vier wichtigsten Erfüllungsbedürfnisse zu unterstützen?

Tragen Sie die Antworten in die nachfolgende Liste ein.

Meine Bedürfnisse	Meine Anregungen für meinen Partner
1.	
2.	
3.	
4.	

Bringen Sie beide einen Zettel mit Ihren Erfüllungsbedürfnissen irgendwo gut sichtbar an, damit Sie immer wieder daran erinnert werden. Beschäftigen Sie sich auch wiederholt mit Ihrer Beziehung, damit Ihnen weitere kreative Ideen zur gegenseitigen Unterstützung bei der Befriedigung Ihrer Erfüllungsbedürfnisse kommen.

Die Erfüllungsbedürfnisse in anderen Beziehungen

Brenda und Paul verbesserten mit ihrer Kenntnis der Erfüllungsbedürfnisse auch die Kommunikation mit ihren beiden Töchtern (sechs und sieben Jahre alt) und ihre Beziehung zu ihnen. Sie beobachteten ihre Töchter und gewannen einen recht guten Eindruck von ihren Erfüllungsbedürfnissen. Dadurch haben sie jetzt einen ganz anderen Zugang zu ihren Kindern.

Brenda und Paul glauben, bei ihren Töchtern je zwei besonders wichtige Erfüllungsbedürfnisse benennen zu können, und haben sich überlegt, wie sie darauf eingehen können.

Es folgt, was Brenda und Paul als die Erfüllungsbedürfnisse ihrer älteren Tochter annehmen.

Erfüllungs-bedürfnisse der älteren Tochter	Da wir jetzt Bescheid wissen …
1. Aufmerksamkeit	Wir haben unserer Tochter vermittelt, dass sie uns aufmerksam machen kann und dass sie unserer Zuwendung sicher ist, wenn sie sie braucht.
2. Bestätigung	Wir können noch mehr tun und ihr öfter Bestätigung geben. Wir sprechen das auch direkt aus.

Und nun kommt, was Brenda und Paul als Erfüllungsbedürfnisse ihrer jüngeren Tochter vermuten.

Erfüllungs-bedürfnisse der jüngeren Tochter	Da wir jetzt Bescheid wissen …
1. Selbstständigkeit	Wir respektieren einfach den Wunsch unserer Tochter, für sich allein zu sein und ungestört ein Buch zu lesen oder zu spielen.
2. Kontrolle	Wir können ihr Aufgaben übertragen, für die sie zuständig ist, irgendwelche wöchentlich oder monatlich anfallenden Erledigungen.

Erfüllungsbedürfnisse und die Arbeit im Team

Drei Geschäftspartner, die zusammen eine Internetfirma führten, holten mich ins Haus, weil ich ihnen bei ihren Kommunikationsproblemen helfen sollte. Mir fiel bald auf, dass einer von ihnen sich manchmal wiederholte, als fürchte er, nicht zur Kenntnis genommen zu werden.

Ich dachte mir, Bestätigung könne eins seiner wichtigsten Erfüllungsbedürfnisse sein, und fragte ihn, wie es für ihn sei, wenn er seinen Partnern seine Ideen unterbreitete. Er sagte, er finde es frustrierend, wenn sie nur nickten oder seine E-Mails nicht beantworteten, wie es manchmal vorkam. Wenn er sich gar nicht erst gehört fühle und nichts an Bestätigung bekomme, falle ihm das gemeinsame Brainstorming schwer.

Die anderen überraschte es zu hören, dass er Bestätigung vermisste; sie hatten nicht geahnt, wie wichtig ihm das war. Da sie selbst nicht dieses starke Bedürfnis hatten, war es ihnen an ihm nicht aufgefallen. Nachdem das jetzt geklärt war, beschlossen sie, seine Beiträge deutlich erkennbar zur Kenntnis zu nehmen.

Wir sprachen dann noch über ihre gemeinsamen Ziele, und es stellte sich heraus, dass sie sich alle ein gesundes, harmonisches und erfolgreiches Unternehmen wünschten. Sie waren sicher, dass die Kenntnis und Berücksichtigung der Erfüllungsbedürfnisse aller Beteiligten ihnen dazu verhelfen konnte.

Zusammenfassung

Was wir in diesem Teil herausgefunden haben:

- ❑ Wenn ich meine wichtigsten Erfüllungsbedürfnisse und die meines Partners kenne, kann das unsere Beziehung und Kommunikation entscheidend verbessern.
- ❑ Wir können ermitteln, wie wir uns bei der Befriedigung unserer wichtigsten Erfüllungsbedürfnisse gegenseitig helfen.
- ❑ Auch andere Beziehungen profitieren, wenn wir unsere Erfüllungsbedürfnisse kennen und uns gegenseitig bei ihrer Befriedigung unterstützen.

Wie Sie das Gesetz der Anziehung für Ihre Erfüllungsbedürfnisse nutzen können

Das Gesetz der Anziehung anwenden, um Gelegenheiten zur Erfüllung zu begünstigen

Da Sie Ihre Erfüllungsbedürfnisse jetzt sicher recht gut kennen, wollen wir uns ansehen, wie Sie das Gesetz der Anziehung gezielt nutzen können, um Ideen, Informationen und Gelegenheiten für die Befriedigung dieser Bedürfnisse anzuziehen.

In meinem Buch *Das Gesetz der Anziehung* habe ich aufgezeigt, wie wir mehr Erwünschtes und weniger Unerwünschtes in unser Leben ziehen können. Unsere Worte und Gedanken sind eine Schwingung, die wir aussenden, und wir ziehen immer genau das an, was dieser Schwingung entspricht. Leben ist Energie, und Energie zieht gleiche Energie an.

Auf einen ganz einfachen Nenner gebracht, besagt das Gesetz der Anziehung, dass wir immer die Dinge in unser Leben ziehen, auf die wir uns konzentrieren, denen wir also im positiven oder negativen Sinne Aufmerksamkeit und Energie zuwenden.

Worte und Gedanken senden Schwingungen aus

Worte	Gedanken	Schwingungen +/–

Mir persönlich ist es schon viele Male gelungen, Gelegenheiten für die Befriedigung meiner wichtigsten Erfüllungsbedürfnisse in mein Leben zu ziehen – und Sie können das auch!

Das Gesetz der Anziehung, Schritt 1

Beim Gesetz der Anziehung geht es im ersten Schritt immer darum, dass Sie sich Klarheit über Ihre Wünsche verschaffen. Das haben Sie in diesem Buch bereits getan: Sie haben Ihre Erfüllungsbedürfnisse bestimmt und besitzen auch schon eine Vorstellung davon, wie Sie vorgehen können, um sie zu befriedigen.

Das Gesetz der Anziehung, Schritt 2

Konzentrieren Sie sich auf Ihren Wunsch, führen Sie ihm Energie und Aufmerksamkeit zu, sodass Sie eine positive Schwingung aussenden. Das Gesetz der Anziehung wird dann etwas Entsprechendes bereitstellen.

Ich will Ihnen jetzt drei Anregungen zu positiven Affirmationen geben, die für eine positive Ausrichtung auf Ihre Wünsche sorgen.

Wie man seinen Bedürfnissen Aufmerksamkeit schenkt

Anregung 1: »Ich bin dabei, all das zuzulassen und anzuziehen, was ich tun, wissen und haben muss, um Gelegenheiten zur Befriedigung meiner vier wichtigsten Erfüllungsbedürfnisse ________________, ________________, ________________ und ________________ anzuziehen. Gut zu wissen, dass das Gesetz der Anziehung alles in die Wege leitet, was passieren muss, damit ich positive Schritte zur Befriedigung meiner Bedürfnisse tun und ein frohes, erfülltes Leben führen kann.«

Anregung 2: »Ich bin froh über diesen Gedanken, dass ich die Mittel und Kenntnisse anziehen kann, die mir zeigen werden, wie meine Erfüllungsbedürfnisse am besten zu befriedigen sind. Wie schön zu wissen, dass das Gesetz der Anziehung mir die Kontakte, Informationen und Mittel zuspielen wird, die der Befriedigung meiner vier wichtigsten Erfüllungsbedürfnisse am besten dienen.«

Anregung 3: »Gut zu wissen, dass das Gesetz der Anziehung all das gezielt in die Wege leitet, was passieren muss, damit ich das Gewünschte anziehe und ein frohes, erfülltes Leben finde. Es macht mich froh, Verfahren anzuziehen, nach denen ich meine Bedürfnisse auf positive Art befriedigen kann.«

Passen Sie diese Affirmationen ruhig so an, dass sie Ihren Wünschen und Bedürfnissen optimal entsprechen. Sehen Sie zu, dass Sie Ihre Erfüllungsbedürfnisse immer an irgendeiner Stelle nennen. Sie können auch ganz eigene Affirmationen verfassen, die Ihren Bedürfnissen entsprechen und Ihnen beim Formulieren ein gutes Gefühl geben.

Bringen Sie ein Blatt Papier mit diesen Affirmationen irgendwo an, wo sie Ihnen immer wieder in die Augen fallen.

Und denken Sie stets daran: Je mehr Aufmerksamkeit, Energie und gebündelten Nachdruck Sie Ihren Wünschen zuführen, desto stärker und klarer ist die von Ihnen vorgegebene Schwingung, nach der das Gesetz der Anziehung etwas Passendes bereitstellen kann.

Das Gesetz der Anziehung, Schritt 3

Räumen Sie Ihre Zweifel aus. Nur dann können Sie zulassen, dass das Gewünschte zu Ihnen kommt. Dafür ist gesorgt, wenn Sie alles in Ihrem Leben Auftauchende bewusst wahrnehmen und begrüßen, was der Befriedigung Ihrer Erfüllungsbedürfnisse dient.

Sagen Sie sich dann beispielsweise: »Mir ist bewusst, dass ich Informationen, Menschen und Mittel anziehe, die zur Befriedigung meiner Erfüllungsbedürfnisse dienen können.«

Während Sie sich darum bemühen, nach dem Gesetz der Anziehung Strategien zur Befriedigung Ihrer Erfüllungsbedürfnisse anzuziehen, kann es sein, dass sich erst einmal nur Bruchstücke eines Vorgehens oder einer Idee abzeichnen und nicht sofort die ganze Strategie sichtbar wird. Vermerken Sie dann, dass immerhin *etwas* kommt. Behalten Sie alles im Auge, was Sie im Sinne der Befriedigung Ihrer Erfüllungsbedürfnisse anziehen, dann wird es Ihnen leichter fallen, zu glauben, dass Sie das Gewünschte anziehen können.

Wenn Sie die
erwünschten Dinge,
die Sie anziehen, im
Auge behalten, senden
Sie eine positive
Schwingung aus.

Zusammenfassung

Was wir in diesem Teil herausgefunden haben:

- ❐ Wir können das Gesetz der Anziehung gezielt einsetzen, um für die Befriedigung unserer Erfüllungsbedürfnisse Gelegenheiten, Ideen und Informationen anzuziehen.
- ❐ Je mehr konzentrierte Aufmerksamkeit und Energie wir unseren Wünschen zuführen, desto klarer ist unsere Schwingung, nach der das Gesetz der Anziehung etwas Passendes bereitstellen kann.
- ❐ Wichtig: Wir vermerken ganz bewusst alles in unserem Leben Auftauchende, das der Befriedigung unserer Erfüllungsbedürfnisse dienen kann.

Jeden Tag üben: Protokoll einer Woche

Die tägliche Praxis der Befriedigung Ihrer Top-4-Erfüllungsbedürfnisse

Nachdem Sie nun einiges über die Befriedigung Ihrer vier wichtigsten Erfüllungsbedürfnisse wissen, können Sie sich vor Augen führen, wie dieses Wissen sich in allen Bereichen Ihres Lebens auswirken wird.

Dazu ist es jetzt wichtig, dass Sie sich genau beobachten, um Muster zu erkennen. Wenn Sie sich besonders gut fühlen, machen Sie sich bewusst, für welches Bedürfnis in dem Moment gerade gesorgt ist. Das Gefühl bedeutet ja, dass Sie konstruktive Mittel der Befriedigung Ihrer vier wichtigsten Erfüllungsbedürfnisse angewendet haben.

Das folgende Beobachtungsprotokoll, das Sie eine Woche lang führen können, wird dafür sorgen, dass Sie so nah wie möglich an der Sache dranbleiben. Es wird viel zu beobachten geben, und Sie werden wohl einige Aha-Erlebnisse haben. Und sobald Sie klar sehen, wie viel besser es Ihnen geht, wenn Ihre Erfüllungsbedürfnisse befriedigt sind, werden Sie schnell dazu übergehen, Ihre Entscheidungen ganz darauf abzustellen. Sie werden Ihr Verständnis durch die Protokollwoche vertiefen und herausfinden, was der Erfüllung Ihrer Bedürfnisse am besten dient.

Das ist ein Selbsterkundungsprozess, eine gute Gelegenheit, das Gelernte zu integrieren und mehr darüber zu erfahren, wie Sie Ihre Wünsche befriedigen können. Halten Sie die Protokollbögen in dieser Woche immer griffbereit, um Ihre Beobachtungen und Erkenntnisse jederzeit notieren zu können.

Sieben-Tage-Beobachtungsprotokoll Ihrer Erfüllungsbedürfnisse

Datum: ________________________ Tag Nr. _____

Was mir auffällt und was ich anders mache, seit ich meine Erfüllungsbedürfnisse kenne.

In meinen engsten Beziehungen

____

____

____

____

Im Berufsumfeld

____

____

____

____

In meinen Freundschaften

Im übrigen Leben

(Sie können die Vorlage von der Website www.integral-verlag.de/downloads-losier herunterladen.)

Interpretationsglossar zum Verständnis der Erfüllungsbedürfnisse

In dieses Glossar, das Ihnen das Verständnis der für die Erfüllungsbedürfnisse gewählten Begriffe erleichtern soll, sind die Deutungen und Definitionen vieler Menschen eingegangen, die ich dazu befragt habe. Wie gesagt, können Sie den Begriffen auch Ihre ganz eigene Bedeutung geben oder Wörter zu einem Begriff verbinden, wenn Ihnen das mehr einleuchtet und sich für Sie richtig anfühlt. Auf *Ihre* Auslegung kommt es an!

Abenteuer

- Etwas Aufregendes, auf das man sich oft spontan einlässt; es kann auch gefährlich sein. Insbesondere der wagemutige Vorstoß auf neues Terrain beziehungsweise die Suche nach neuen Erfahrungen. (Beispiel: Die Suche nach Abenteuern ließ sie die ganze Welt bereisen.)
- Etwas mit Risiken Verbundenes. (Beispiel: Seine Anlagestrategie hatte etwas Abenteuerliches.)

Anerkennung

- Beifall, Würdigung einer Leistung, eines Dienstes oder einer Fähigkeit. (Beispiel: Sie erhielt den Preis als Anerkennung ihres mutigen Einsatzes für die Menschenrechte.)
- Positive Rückmeldung für eine Rolle, die man spielt. (Beispiel: Er mochte die Anerkennung, die er für seine Tournee mit der Band bekam.)

Aufmerksamkeit

- Jemand oder etwas fällt einem auf. Man erachtet jemanden oder etwas als interessant oder wichtig. (Beispiel: Sie liebte die Aufmerksamkeit, die sie für ihre originellen Tanzfiguren bekam.)
- Sich mit besonderer Sorgfalt einer Aufgabe widmen. (Beispiel: Er widmete sich dem Problem mit voller Aufmerksamkeit.)

Beitrag

- Die Rolle, die man für bestimmte Ergebnisse spielt oder in der man irgendetwas voranbringt. (Beispiel: Ihre Spende an das Heim war ein wertvoller Beitrag.)
- Die Unterstützung gemeinnütziger Zwecke. (Beispiel: Sein Beitrag zur Versorgung erlaubte den Jungen die Fortsetzung ihres Projekts.)

Besonders sein

- Besser als die Norm oder auf irgendeine Weise überdurchschnittlich; außergewöhnlich gut oder kostbar. (Beispiel: Seine umsichtige, zugewandte Art gab ihr das Gefühl, etwas Besonderes zu sein.)
- Für eine bestimmte Eigenschaft und Eignung bekannt sein. (Beispiel: Ihm wurden aufgrund seiner speziellen Fähigkeiten oft besondere Aufgaben zugewiesen.)

Bestätigung

- Ausdruck der Anerkennung und Wertschätzung für etwas, das man getan hat. (Beispiel: Die Komplimente ihres Mannes waren genau die Bestätigung, auf die Maria gehofft hatte.)
- Deutlich zeigen, dass man jemanden oder etwas bemerkt hat. (Beispiel: Er fühlte sich bestätigt, als seine Spende im Newsletter erwähnt wurde.)

Einbindung

- Als einer Gruppe oder Struktur zugehörig betrachtet werden. (Beispiel: Als er ins Team aufgenommen wurde, fühlte er sich zum ersten Mal richtig eingebunden.)
- In Planungen oder Entscheidungsprozesse einbezogen sein. (Beispiel: Sie freute sich, dass sie jetzt alt genug war, um in die Urlaubsplanung der Familie eingebunden zu werden.)

Einfluss

- Die Fähigkeit, auf den Charakter, die Entwicklung oder das Verhalten eines Menschen oder einer Sache einzuwirken. (Beispiel: Als Lehrer übte er einen guten Einfluss auf seine Schüler aus.)
- Die Fähigkeit, andere zu etwas zu bewegen. (Beispiel: Ihr Einfluss bewog ihre

Kollegen, für die Möglichkeit des Jobsharings zu stimmen.)

Einzigartigkeit

- Nicht seinesgleichen haben; anders als jeder andere sein. (Beispiel: Ihre Designs machten Sie einzigartig auf ihrem Gebiet.)
- Unikat. (Beispiel: Jedes ihrer Designs war einzigartig. Sie wiederholte sich nie.)

Erfolg

- Etwas Erreichtes. (Beispiel: Der Abbau seiner persönlichen Schulden war ein erstaunlicher Erfolg.)
- Der angestrebte Abschluss von etwas. (Beispiel: Sein Diplom war ein beachtlicher Erfolg.)

Fairness

- Gerecht oder den Umständen angemessen. (Beispiel: Der Hausarrest war nur angemessen, nachdem sie so wenig Augenmaß bewiesen hatte.) Oder fair behandelt werden.
- Nicht schummeln oder sich zulasten anderer Vorteile verschaffen. (Beispiel: Er achtete sehr genau darauf, dass immer fair gespielt wurde.)

Freiheit

- Die Möglichkeit oder das Recht, ungehindert und ohne Einschränkung zu denken, zu sprechen und zu handeln, wie man möchte. (Beispiel: Ihm gefiel die Freiheit, seine Abläufe immer wieder mal ändern zu können.)
- Sich ohne äußere Beschränkungen bewegen zu können. (Beispiel: Ihre Bewegungsfreiheit ermöglichte ihr den ersehnten Umzug in ein wärmeres Klima.)

Gemeinschaft

- Ein Gefühl der Verbundenheit mit anderen aufgrund gemeinsamer Einstellungen, Interessen und Ziele. (Beispiel: Sie genoss das mit der Zugehörigkeit zu ihrer Kirche verbundene Gemeinschaftsgefühl.)
- Ein Gefühl der Zusammengehörigkeit in einem bestimmten Rahmen. (Beispiel: Besonders mag sie den Gemeinschaftsgeist auf dem Wochenmarkt in ihrer Gegend.)

Herausforderung

- Eine Aufgabe oder Situation, die unsere Fähigkeiten auf die Probe stellt. (Beispiel: Der steile Hang ist auch für erfahrene Kletterer eine Herausforderung.)
- Eine Gelegenheit, vollen Einsatz zu zeigen und sich zu beweisen. (Beispiel: Er stellte

sich gern selbst vor die Herausforderung, gegen erfahrenere Schachspieler anzutreten.)

Individualität

- Ausgeprägte Charakterzüge oder Eigenschaften, durch die man sich von anderen unterscheidet. (Beispiel: Mit ihrer Art, sich zu kleiden, zeigte sie Stil und Individualität.)
- Eigenständigkeit und Unabhängigkeit, durch die man sich von der Mehrheit abhebt. (Beispiel: Seine Eltern brachten ihm bei, seine Individualität zu wahren, auch wenn er damit aneckte.)

Integrität

- Ehrlichkeit und ein starkes moralisches Bewusstsein; ein aufrechter Charakter. (Beispiel: Er ist als integre Person bekannt.)
- Tun, was man zugesagt hat; ja sagen, wenn man ja meint, und nein, wenn man nein meint. (Beispiel: Sie legt Wert darauf, sich integer zu zeigen, wenn sie etwas zugesagt hatte.)

Intimität

- Vertrautheit oder enge Freundschaft; ein Gefühl der Nähe, insbesondere zwischen zwei Menschen, in der man Ideen austauscht und sich auch Persönliches mitteilt. (Beispiel: Nach dem gemeinsamen Workshop entstand noch mehr Intimität zwischen den beiden.)

- Eine Atmosphäre der behaglichen Geborgenheit. (Beispiel: Sie gestaltete das Schlafzimmer so um, dass es eine noch intimere Atmosphäre bekam.)

Kontrolle

- Die Fähigkeit, Einfluss auszuüben auf das Verhalten anderer oder den Lauf der Dinge. (Beispiel: Der Arbeitsablauf unterliegt der Kontrolle eines Produktionsmanagers.)
- Die Position oder das Arrangement von Menschen oder Sachverhalten gemäß einer bestimmten Abfolge oder Methode lenken. Dazu gehört die Sicherstellung der Einhaltung vorgeschriebener oder etablierter Vorgänge. (Beispiel: In seiner neuen Stellung hatte er die Nachbereitung der Kundenkontakte besser unter Kontrolle.)

Kreativität

- Originalität des Denkens; man ist findig, einfallsreich und dadurch für andere inspirierend. (Beispiel: Sie fand neue, kreative Ansätze für ihre Problemlösungsbesprechungen.)

- Fantasie und Ideenreichtum, oft im Zusammenhang mit künstlerischer Betätigung. (Beispiel: Mit seinen kreativen Designideen beeindruckte er seinen Vorgesetzten.)

Leistung

- Etwas erfolgreich Abgeschlossenes, meist unter hohem Einsatz oder mit viel Mut und Können. (Beispiel: Sie waren mit Recht stolz auf ihre Leistung.)
- Eine angestrebte Stufe des Könnens erreichen. (Beispiel: Ihre sportlichen Leistungen sind überragend.)

Leitung

- Man spielt in einer Gruppe oder Organisation eine Führungsrolle. (Beispiel: Die Mitglieder waren während der Übergangszeit auf ihre Leitung angewiesen.)
- Man führt bei etwas die Regie und gibt Anweisungen. (Beispiel: Seine leitende Rolle bei diesem Projekt stärkte sein Selbstbewusstsein.)

Macht

- Die Fähigkeit, das Verhalten anderer zu beeinflussen oder den Gang der Dinge zu steuern. (Beispiel: Er besaß die Macht, über die Länge der Beratungen zu bestimmen.)

- Das Gefühl, sein eigenes Leben selbst in der Hand zu haben. (Beispiel: Endlich hatte sie das Gefühl, dass es in ihrer Macht stand, über ihr eigenes Leben zu bestimmen.)

Selbstständigkeit

- Frei sein von äußerer Kontrolle oder Einflussnahme; Unabhängigkeit. (Beispiel: Sie liebte die Selbstständigkeit, endlich war sie ihr eigener Chef.)
- Etwas allein können. Etwas so machen können, wie man möchte. (Beispiel: Er brauchte kein Team, um etwas fertig zu bekommen. Er schaffte mehr, wenn er selbstständig arbeiten konnte.)

Sicherheit (äußere)

- Schutz vor Unfällen und Verletzungen. (Beispiel: Mit dem Klettergurt fühlte er sich sicherer.)
- Man beugt Gefahren und Risiken vor. (Beispiel: Das Reisen in der Gruppe gab ihr ein Gefühl der Sicherheit – anders, als sie sich als Einzelreisende gefühlt hätte.)

Sicherheit (innere)

- Frei sein von Sorgen und Befürchtungen. (Beispiel: Der neue Job und das Gehalt gaben ihm Sicherheit.)

- Ein Gefühl von Geborgenheit. (Beispiel: Besonders mochte sie das Gefühl der Sicherheit im neuen Mietshaus.)

Spaß

- Vergnügen, Amüsement, Unbeschwertheit, humorvolle Verspieltheit. (Beispiel: Was ihr fehlte, war mehr Spaß im Leben.)
- Etwas, das man aus purer Freude an der Sache tut. (Beispiel: Er hatte fast vergessen, wie viel Spaß ihm das Gitarrenspiel machte.)

Verbundenheit

- Sich mit jemandem vereint fühlen. (Beispiel: Sie liebte dieses Gefühl der Verbundenheit, wenn sie Hand in Hand spazieren gingen.)
- Leute, zu denen man gesellschaftlich oder beruflich Kontakt (Verbindungen) hat, speziell einflussreiche Menschen, die als Unterstützer infrage kommen. (Beispiel: Er besaß gute Verbindungen zu wichtigen Geschäftsleuten, die ihm bei seinen Entscheidungen helfen konnten.)

Wertschätzung

- Man freut sich über gute Eigenschaften einer Person oder Sache und spart nicht mit Anerkennung. (Beispiel: Ich lächelte in dankbarer Wertschätzung ihrer Hilfsbereitschaft.)

- Dankbarkeit für das, was jemand für einen getan hat. (Beispiel: Sie sagte, sie wisse seine gute Arbeit zu schätzen.)

Wichtigkeit

- Von großer Bedeutung oder hohem Wert; möglicherweise ausschlaggebend für Erfolg, Überleben und Wohlbefinden. (Beispiel: Dass er Wichtiges für das Projekt leistete, hörte er gern.)
- Man ist von hohem Rang oder Status, ein bedeutender Würdenträger oder eine Autorität. (Beispiel: Sie war eine Meisterin auf ihrem Gebiet.)

Zustimmung

- Beifall; etwas als gut oder anerkennenswert erachten. (Beispiel: Schauspieler müssen sich um die Zustimmung des Publikums bemühen.)
- Ausdruck des Einverständnisses. (Beispiel: Sie hoffte, dass ihr Outfit die Zustimmung ihrer Mutter fände.)

Nachwort

Ich nehme stark an, dass sich für Sie einiges geändert hat, seit Sie Ihre vier wichtigsten Erfüllungsbedürfnisse kennen. Manche von Ihnen haben vielleicht sogar schon den Arbeitgeber gewechselt oder sind neue Beziehungen eingegangen, weil Ihre Bedürfnisse nicht befriedigt wurden. Oder Sie denken gerade über Veränderungen nach – wie Sie gezielter vorgehen können, um für die Befriedigung Ihrer Erfüllungsbedürfnisse zu sorgen.

Was Sie hier gelesen haben, war Ihnen vermutlich neu. Gehen Sie behutsam mit sich um, während Sie die Bereiche Ihres Lebens erkunden, in denen Sie nicht viel Erfüllung finden, oder während Sie Mut für Veränderungen schöpfen, die mehr Erfüllung und Freude für Sie bedeuten.

Wie würde es sich anfühlen, unter Menschen zu leben, die ebenfalls Erfüllung im Leben finden möchten? Wie wäre das zu erreichen? Nun, bringen Sie einfach dieses Buch Ihren Angehörigen, Freunden und Kollegen nahe, eigentlich allen, zu denen Sie eine Beziehung haben.

Nehmen Sie sich und andere wichtig genug für gegenseitige Unterstützung im Streben nach mehr Freude.

Sagen Sie ja zur Befriedigung Ihrer Erfüllungsbedürfnisse.

Ich wünsche Ihnen dabei alles Gute!

Michael J. Losier

Über den Autor

Michael J. Losier lebt im schönen Victoria, BC, an der Westküste Kanadas. Er hat bereits zwei Bestseller veröffentlicht, *Das Gesetz der Anziehung* und *Das Gesetz der Beziehung.*

Da so viele Menschen lernen möchten, wie man das Gesetz der Anziehung anwendet, hat Michael ein Ausbildungsprogramm für Kursleiter ins Leben gerufen, aus dem inzwischen über 320 zertifizierte Trainer in vierzehn Ländern hervorgingen, die berechtigt sind, in den Umgang mit dem Gesetz der Anziehung einzuführen. Andere ausbilden – das ist eins von Michaels großen Erfüllungsbedürfnissen.

Er ist mit Herz und Seele Lehrer, und das ist ihm so wichtig, dass er die Welt bereist, um seine Erkenntnisse über das Gesetz der Anziehung zu vermitteln. Dem gleichen Zweck dienen seine unzähligen Telekurse sowie Podcasts, Workshops und Seminare. Seine YouTube-Videos werden millionenfach geklickt.

Michael wurde viermal von Oprah Winfrey im Rahmen ihrer »Soul Series« interviewt. Ein Jahr lang war er sogar Moderator einer wöchentlichen Sendung zum Gesetz der Anziehung bei Oprah Radio™.

Michael wandert für sein Leben gern, und gerade die Westküste Kanadas bietet ihm einige der schönsten Küsten- und Primärwald-Trails im ganzen Land.

Besuchen Sie ihn auch im Internet:

www.YourLifesPurposebook.com
www.HangOutWithMichael.com
Facebook.com/MichaelLosierFans